Anthony Weston

Einladung zum ethischen Denken

HERDER / SPEKTRUM

Band 4709

Das Buch

Die anderen sind genauso wirklich, bewußt und wichtig wie du. So lautet die „goldene Regel" einer Ethik, wie Anthony Weston sie entwirft. Und daraus folgt: Wenn man sich in den anderen versetzt, ist schon viel gewonnen. Vorurteile und Selbstzentriertheit verhindern neue, innovative Sichtweisen und kreative Konfliktlösungen. Das ist Grundthese und argumentatives Ziel dieses Buches. Es richtet sich an alle, die nach Strategien für Konfliktlösungen und nach angemessenen Handlungsalternativen suchen. Und es spricht alle an, die mit Herz und Verstand schwierige Lebensfragen meistern und Dilemma-Situationen richtig entscheiden wollen. Weston fordert auf zu einem Selberdenken, das jenseits des erstarrten Denkens des Dogmatismus und der Beliebigkeit des Relativismus zusätzliche Handlungsmöglichkeiten eröffnet. Es gilt die richtigen Fragen zu finden – denn diese führen erst zu guten Lösungsperspektiven: Oftmals hilft es schon, das Problem neu zu fassen („Reframing") oder in einem größeren Zusammenhang zu sehen. So können zwar nicht immer ideale Lösungen erreicht werden. Aber praxisnahe Annäherungen sind doch fast immer möglich, wenn viele Seiten eines Problems einbezogen werden. Werden die Werte und guten Gründe der verschiedenen Seiten berücksichtigt, dann können tragfähige Kompromisse gelingen.

Westons Buch zeichnet sich durch Klarheit und Deutlichkeit aus. Durch viele konkrete Beispiele (u. a. Fragen des Tierschutzes und eines neuen ökologischen Bewußtseins, die Abtreibungsdebatte und der Umgang mit Koma-Patienten oder Drogenmißbrauch), durch die Wiederaufnahme berühmter Fälle aus der Philosophiegeschichte (u. a. von Kant oder Sartre) und durch Hinweise auf die aktuelle Diskussion werden Grundfragen der Ethik allgemeinverständlich und anschaulich gemacht.

Wer die ethische Dimension in sein Nachdenken miteinbezieht, findet die besseren Lösungen und handelt nachhaltiger und überzeugender. Diese Einladung zur Ethik überzeugt durch ihre hohe Alltagsrelevanz. Weston zeigt, daß Menschen ihre alltäglichen Lebensfertigkeiten verbessern können: Eine Ethik, die im Herzen verankert ist und sich nach dem gesunden Menschenverstand richtet, verlangt moralische Intelligenz. Und in diese moralische Intelligenz sollte ein Mensch seine theoretische, praktische, soziale und emotionale Intelligenz einbringen.

Der Autor

Anthony Weston, Jahrgang 1954, ist Professor für Philosophie am Elon College in North Carolina und lehrt dort u. a. im Programm für globales Denken. Seine früheren Bücher beschäftigen sich mit ethischen Fragen der Abtreibung, der Tierrechte und der Ökologie. Autor eines Leitfadens der Argumentation.

Anthony Weston

Einladung zum ethischen Denken

Die richtigen Fragen stellen,
kreative Lösungen finden

Vorwort von Vittorio Hösle

Aus dem Amerikanischen
von Bettina Trabert

Herder

Freiburg · Basel · Wien

Gedruckt auf umweltfreundlichem,
chlorfrei gebleichtem Papier

Alle Rechte vorbehalten – Printed in Germany
© 1997 by Oxford University Press.
This translation of A Practical Companion to Ethics originally
published in English in 1997 is published by arrangement with
Oxford University Press Inc.
© der deutschen Ausgabe Verlag Herder Freiburg im Breisgau 1999
Satz: Fotosetzerei G. Scheydecker, Freiburg im Breisgau
Herstellung: Freiburger Graphische Betriebe 1999
Umschlaggestaltung: Joseph Pölzelbauer
Umschlagmotiv: Wilhelm Morgner, Blauer Sämann, 1911
ISBN 3-451-04709-8

Inhalt

Vorrede

Eines von Einsteins „drei großen Gesetzen der Arbeit" lautet: Jede Schwierigkeit ist auch eine Gelegenheit. In der Ethik trifft dieses „Gesetz" sicherlich zu. In einer zwiespältigen, schwierigen, offenen Situation den richtigen und überzeugenden Weg zum Denken und Handeln zu finden, kann sehr schwierig sein. Doch liegt darin auch die Gelegenheit für kreatives und flexibles Denken. Mit diesem Buch möchte ich dazu beitragen, diese Gelegenheit als Chance wahrzunehmen und besser zu nutzen. Manchmal bringen uns kleine Hinweise schon sehr weit.

Um den Text nicht zu überfrachten, habe ich alle Zitate und Literaturverweise in die *Anmerkungen und Kommentare* gestellt. Einige der philosophisch strittigeren Aussagen, die in diesem Buch gemacht werden, werden zu Fragen und Einwänden ebenfalls in den Anmerkungen und Kommentaren etwas ausführlicher erklärt und verteidigt. Wer über die Lektüre dieses Buches hinaus angeregt worden ist, dem empfehle ich, mein Buch *Toward Better Problems* (nur in der amerikanischen Ausgabe erhältlich) hinzuzuziehen: Dort werden die philosophischen Themen vollständiger entwickelt.

Ich habe versucht, das Buch so zu schreiben, daß es sowohl als Grundlage für Ethikkurse als auch von jedem interessierten Leser, jeder interessierten Leserin selbständig genutzt werden kann.

Ich möchte allen Freunden und Kollegen, insbesondere Peter Williams, Tom Birch und Nim Batchelor danken, die mit Rat und Unterstützung zu diesem Projekt beigetragen haben. Donald Becker (University of Texas at Austin), Earl Conee (University of Rochester), Peter Markie (University of Missouri) und einige weitere Philosophen haben als Verlagsgutachter zum Buch beigetragen. Kommentaren und Vorschläge von Leserinnen und Lesern bin ich äußerst aufgeschlossen.

Raleigh, North Carolina   A.W.
Juni 1996

Vorwort
von Vittorio Hösle

Von allen Disziplinen der Philosophie ist die Ethik heutzutage diejenige, die den Nicht-Fachphilosophen am meisten interessiert. Gewiß werden sich einem nachdenklichen Menschen auch immer wieder erkenntnistheoretische Fragen aufdrängen, aber seit dem Triumph der modernen Naturwissenschaften nehmen die meisten Menschen – ob zu Recht oder nicht – an, daß zumindest deren Ergebnisse gesichert sind und nicht weiter hinterfragt werden sollten; ebenso unreflektiert wird davon ausgegangen, daß in anderen Bereichen gesicherte Erkenntnis nun einmal nicht zu haben sei. Religiöse Fragen beschäftigen wahrscheinlich immer noch eine große Zahl von Menschen, aber immer weniger wagen es offen zuzugeben, daß sie sich für Religion interessieren – die Religionsphilosophie ist im Augenblick weitgehend auf Schrumpfformen reduziert, wenn sie nicht geradezu tabuisiert worden ist. Auch die Ästhetik ist derzeit nicht gerade in Hochform – was vielleicht auch damit zusammenhängt, daß wir nicht in einer Blütezeit der schönen Künste leben. Anders die Ethik – wenn es eine Disziplin der Philosophie gibt, die „boomt", dann sie. Dafür gibt es mannigfache Ursachen. Einerseits sind tradierte Orientierungssysteme fragwürdig und brüchig geworden, so daß man sich mit einer bloß autoritativen, nicht argumentativ vermittelten Antwort auf die Frage nach dem, was gut und böse ist, nicht zufrieden geben kann und will. Andererseits ist die moralische Frage unabweisbar – man kann die eigene Selbstachtung nicht aufrechterhalten, wenn man nicht der Überzeugung sein kann, das, was man tue, sei moralisch vertretbar.

Hinzu kommt, daß die rasche Entwicklung der Technik neue Gebiete eröffnet, die nach einer Normierung verlangen, wenn jene nicht verhängnisvoll sein soll. Die Gentechnologie, deren Möglichkeiten moralisch zu begrenzen eine der Aufgaben der Bioethik ist, ist ein, aber bei weitem nicht das einzige Beispiel; und jedem solcher Beispiele korrespondiert eine Bereichsethik. In der Entstehung immer neuer angewandter Ethiken liegt übrigens eine Gefahr, die gerne übersehen wird – das Auseinanderfallen einer einheitlichen praktischen Vernunft in eine Fülle kasuistischer Beispiele. Gewiß verlangen die neuen Problemstellungen nach einer Beantwortung, und gewiß muß der Philosoph willens sein, sich zu diesem Zweck in die relevanten empirischen Wissenschaften einzuarbeiten – ohne Kenntnis der Biologie gibt es keine Bioethik, ohne Kenntnis der Nationalökonomie keine Wirtschaftsethik. Aber Bioethik- und Wirtschaftsethikentwürfe werden nur dann als verbindlich empfunden werden können, wenn sie nicht nur auf empirischem Wissen gründen, sondern auch auf einem soliden normativen Fundament. Ohne eine präzise und überzeugende Erörterung der Prinzipien der allgemeinen Ethik sind angewandte Ethiken selten mehr als ein Konglomerat von Meinungen zu Detailfragen.

Aber auch die allgemeine Ethik erreicht noch nicht das höchste Abstraktionsniveau, das dem Nachdenken über Ethik zugänglich ist. Noch vor der Erörterung der Prinzipien der Ethik und der bei der Diskussion dieser Probleme konkurrierenden Ansätze steht die Frage, warum man sich denn überhaupt mit Philosophie im allgemeinen und Ethik im besonderen beschäftigen solle. Es ist diese Frage, die recht eigentlich im Zentrum des vorliegenden Buches steht. Was den eigentümlichen Reiz dieses Werkes ausmacht, ist freilich, daß diese eigentlich hochabstrakte Frage äußerst konkret angegangen wird – in einer Sprache, die den Laien sofort gefangennimmt, mit einer Fülle treffender Beispiele aus der Lebenswelt und gleichzeitig unter Bezugnahme auf einige der Klassiker unserer religiösen und philosophischen Tradition. Man kann als deutscher Professor, der an gelehrte Wälzer mit vielen Anmerkungen gewöhnt ist, die Leichtigkeit nur bewundern, mit der Anthony Weston komplexe Probleme darbietet, ohne sie ungebührlich zu vereinfachen.

Bevor auf die Inhalte des Buches eingegangen wird und diese in einen größeren Kontext eingeordnet werden, sind einige Worte zu der Gattung angebracht, der das Buch angehört. Man könnte es einen modernen „Protreptikos" in die Ethik nennen. Protreptik ist in der Antike – der heidnischen wie der christlichen – eine Form der Werbeschrift für eine Wissenschaft gewesen; sie entsteht in der Sophistik, ist aber keineswegs auf sie beschränkt. Von den Platonischen Dialogen entspricht der „Euthydemos" am ehesten der Gattung, und Aristoteles hat sogar ein eigenes Werk mit dem Titel „Protreptikos" verfaßt, das leider verlorengegangen ist, von dem aber bedeutende Fragmente erhalten sind. Von Ciceros protreptischer Schrift „Hortensius" berichtet Augustinus in den „Bekenntnissen" (III 4), die Lektüre habe bei ihm eine existentielle Wendung ausgelöst. Protreptische Schriften wollen noch nicht mit den konkreten Inhalten einer Disziplin vertraut machen – sie wollen dazu ermuntern, sich mit der Disziplin auseinanderzusetzen, wollen für sie interessieren, den Geschmack an ihr wecken. Auf einer solchen Metaebene bewegt sich auch Westons Einladung, über Fragen der Ethik nachzudenken.

Im ersten der fünf Kapitel geht es um die Frage, wer eigentlich Ethik braucht. Die Antwort kann natürlich nur lauten: jeder und jede, jedenfalls: jeder argumentationsfähige Mensch. Denn auf moralische Gefühle kann kein wirklicher Verlaß sein – sie widersprechen einander immer wieder, sind oft das Ergebnis tradierter Vorurteile oder gar bewußter Manipulationen. Die Bereitschaft, mit Mitteln der rationalen Analyse moralische Fragen zu erörtern, also Ethik zu betreiben – Ethik ist nämlich als die Wissenschaft der Moral zu definieren –, wird durch bestimmte Einstellungen herabgesetzt, die der Ethiker daher zurückweisen muß. Weston nennt neben den mannigfachen Versuchen der Sekundärrationalisierung sowohl den Dogmatismus als auch den Relativismus als Hemmnisse der Ethik. Und zu Recht: Die Weigerung, Gegenargumente zur eigenen Position zu bedenken und sich um deren Fundierung zu bemühen, ist für eine aufrichtige Suche nach dem, was von der Vernunft als moralisch gut anerkannt werden muß, ebenso tödlich wie die scheinbar entgegengesetzte Auffassung, daß es in der Ethik sowieso nur um beliebige Privatmeinungen gehe. Nur eine oberflächliche Denkweise kann im Relativismus eine akzeptable Alternative zum Dogmatismus sehen: In Wahrheit ist auch der Relativismus zutiefst dogmatisch, weil er – ohne überzeugende Argumente – das Dogma der irreduziblen Pluralität unterschiedlicher ethischer Überzeugungen verabsolutiert. Zwar entwickelt Weston – dem protreptischen Charakter des Buches entsprechend – keine stringenten Argumente gegen den Relativismus; aber daß er die Selbstverständlichkeit, die er inzwischen genießt, in Frage stellt, ist ein beachtliches Verdienst seines Werkes. In der Tat hat die Mehrzahl der Menschen die feste Überzeugung, daß die Frage, ob man Krawatten tragen solle, einen anderen Stellenwert habe als diejenige, ob man einen Unschuldigen töten dürfe, wenn das im eigenen Interesse und nicht von Strafe bedroht sei. Das erste Problem sei in der Tat eine reine Privatsache, das zweite nicht. Wieweit man die Überzeugung von der Objektivität moralischer Sätze begründen könne, ist eine der spannendsten Fragen der Ethik und ohne genauere Untersuchungen darüber, was Begründung sinnvollerweise bedeuten kann, nicht zu lösen – Interesse an dieser Frage kann man aber nur haben, wenn man die Vorentscheidung unserer Zeit für den Relativismus als Dogma erkennt. Wer über das Begründungsproblem tiefer nachdenkt, wird übrigens unvermeidlicherweise auf die Frage der Letztbegründung moralischer Normen stoßen, auch wenn das Programm der Letztbegründung dem Zeitgeist fast ebenso fremd ist wie religionsphilosophische Fragen.

Ethik zu betreiben bedeutet unvermeidlicherweise selbst zu denken; das heißt, daß der Verweis auf Autoritäten nicht als letztes Wahrheitskriterium anerkannt werden kann. Niemand bestreitet, daß Autoritäten wichtig sind, weil sich hinter ihren Ergebnissen oft profunde Gedankenarbeit verbirgt; ja, man muß Hegel recht geben, daß die bloße Versicherung, man sei von selbst zu einer bestimmten Überzeugung gekommen, die argumentativ nicht weiter ausgewiesen wird, sich von der Berufung auf Autoritäten nur durch die ihr eigentümliche Eitelkeit unterscheidet. Aber all das ändert nichts daran, daß die Ethik sich in dem Augenblick als Wissenschaft aufgibt, in dem sie sich damit begnügt, Autoritäten als letzten Geltungsgrund anzusehen. Das gilt auch und gerade mit Bezug auf heilige Texte. Es hilft nichts, darauf zu verweisen, es handle sich dabei um Gottes Wort – erstens sind wir immer nur mit menschlichen Behauptungen konfrontiert, bestimmte, von Menschen verfaßte Texte seien Gottes Wort; zweitens können nicht alle derartigen Behauptungen gleichzeitig wahr sein, weil sie einander oft genug widersprechen; und drittens sind derartige Texte stets deutungsbedürftig. Mit noch größerem Recht müssen wir gegenüber Befehlen von Vorgesetzten, aber auch gegenüber sozialen Normen eine innere Distanz besitzen, um Ethik zu betreiben – wir können nicht davon ausgehen, daß die Üblichkeiten unserer eigenen Kultur oder Religion letzte Kriterien des Moralischen sind. Selbst zu grundlegenden moralischen Regeln kann es moralisch berechtigte Ausnahmen geben – in Notsituationen mag es statthaft sein, zu stehlen, um ein Menschenleben zu retten, in einem gerechten Krieg mag es erlaubt sein, zu töten. Es geht hier nicht um die Liste legitimer Ausnahme zu grundlegenden Geboten; es geht vielmehr um eine Einsicht schon des Platonischen Sokrates (die wahrscheinlich Erkenntnisse des historischen Sokrates widerspiegelt, der hierbei Gedanken der Sophistik aufgriff, sie aber in eine objektivistische Ethik einbezog), daß man fast zu jeder konkreten Regel moralische Ausnahmen ersinnen kann. Dies beweist, daß das Prinzip der Moral über den konkreten Regeln angesiedelt sein muß: Denn ansonsten wären die Regeln nicht aus moralischen Gründen einzuschränken.

Erkenntnistheoretisch fundiert ist der Ratschlag, der das Zentrum des dritten Kapitels bildet: Weston suggeriert, daß viele der Konfliktfälle, die die Ethik quälen, vermieden werden könnten, wenn die Fragen anders gestellt würden, indem etwa in Situationen, in denen man scheinbar zwischen zwei Übeln wählen muß, deutlich gemacht würde, daß eine dritte oder vierte Möglichkeit besteht. Er hat sicher recht damit, daß Denkblockaden nicht nur bei der Lösung wissenschaftlicher und technischer, sondern auch moralischer Probleme schädlich sind, weil sie verhindern, daß man denkbare Alternativen in den Blick bekommt, und recht hat er auch damit, daß es stets günstiger ist, Situationen präventiv zu vermeiden, in denen moralische Konflikte entstehen (wer gegen Abtreibung ist, sollte z. B. nicht grundsätzlich empfängnisverhütende Mittel ablehnen). Doch ändert das alles nichts daran, daß solche Situationen immer wieder auftreten, in denen tatsächlich zwischen zwei Übeln gewählt werden muß; und selbst wenn derartige Situationen in der Realität nicht so häufig sind, wie uns die Berufsethiker glauben lassen wollen, ist es für die Struktur der ethischen Argumentation wichtig, sich auf solche, wenn auch nur fiktive Situationen einzulassen, um Probleme der Über- und Unterordnung schärfer zu sehen. Gedankenexperimente spielen nicht nur in der Physik, sie spielen auch in der Philosophie im allgemeinen und der Ethik im besonderen eine gewichtige Rolle, die Weston m.E. unterschätzt.

Im vierten Kapitel verläßt Weston die rein formale, protreptisch-propädeutische Ebene und befaßt sich mit einem inhaltlichen Problem der Ethik: Was ist zu tun, wenn Werte in Konflikt treten? Auch hier geht es ihm nicht so sehr darum, konkrete Streitfälle zu entscheiden, als vielmehr darum, eine Argumentationslinie festzulegen. Er plädiert dafür, jeweils das relative Recht der anderen Seite zu verstehen zu suchen und sich um eine Synthese zu bemühen, die möglichst beide Werte integriert. So hat es in der Tat keinen Sinn, Ökonomie und Ökologie gegeneinander auszuspielen: Man sollte ökologische Rahmenbedingungen schaffen, die gleichzeitig neue Arbeitsplätze ermöglichen (was leichter ist, als man denkt). Aber sosehr das an Hegel erinnernde Programm eines synthetischen Sowohl-als-auch fesselt, sosehr muß man gegen Weston daran festhalten, daß es gleichsam „Kierkegaardsche" Situationen eines radikalen Entweder-oder gibt. Kompromisse sind nicht immer moralisch möglich, weil manchmal die Überordnung des einen Gutes über das andere offenkundig ist (auch wenn sich auf der Seite des geringeren Gutes mächtige Partikularinteressen befinden); ja, es gibt Fälle, in denen Kompromisse schlimmer sind als jede der beiden entgegengesetzten Positionen, weil sie zu Inkonsistenzen in der moralischen oder gar in der Rechtsordnung führen. Hier ist Weston nach meinem Empfinden zu optimistisch, was vielleicht mit einem fundamentalen und im übrigen sehr sympathischen Charakterzug des US-amerikanischen Volkes zusammenhängt. Aber Scheler hatte recht, als er das Tragische aus einer bloß ästhetischen zu einer auch ethischen Kategorie machte. Und im weitgehenden Ignorieren dieser tragischen Dimension liegt vielleicht eine Schwäche unseres Autors.

Im letzten Kapitel geht es um die Erweiterung unserer moralischen Sensibilität. Es ist äußerst erfreulich, daß ein Werk, das mit einer Kritik an moralischen Gefühlen als Grundlage ethischer Argumentation einsetzte, die Bedeutung von Gefühlen auf der Motivationsebene voll anerkennt. Die Fähigkeit zur Empathie, also die Fähigkeit, fremde Gefühle mitzufühlen, ist für moralisches Handeln zentral, wie Weston unter Rückgriff auf den christlichen Neohegelianer Josiah Royce zu zeigen versucht, einen der interessantesten amerikanischen Philosophen der Jahrhundertwende. Aber auf wen sollen sich derartige Gefühle richten? Die Macht der Vorurteile, die sogar zu einer sich selbst erfüllenden Erwartung werden kann, hat etwa dazu geführt, daß bis ins 19. Jahrhundert die Sklaven von einer solchen Empathie ausgeschlossen wurden. Könnte es nicht sein, daß wir in einer moralischen Umbruchsphase stehen, in der sich der Kreis der Wesen, für die wir Verantwortung empfinden sollten, weit in das Reich des Außermenschlichen hinein erweitert?

Mit dieser Frage endet das Buch. Die Frage wird von dem Buch nicht wirklich beantwortet. Aber wenn es Mut macht, über diese und die anderen erörterten Fragen selbständig und mit den Mitteln rationaler Analyse nachzudenken, dann hat es seinen Zweck erfüllt, und seiner deutschen Ausgabe ist viel Glück zu wünschen. Denn die moralische Qualität einer Gesellschaft hängt in nachaufklärerischen Zeiten entscheidend davon ab, wieviele Menschen bereit sind, die Herausforderung einer rationalen Ethik anzunehmen und die Mühen auf sich zu nehmen, die mit der Ausarbeitung einer solchen Position verbunden sind.

Einleitung

Dieses Buch ist eine Einladung zur Ethik. Es soll die Lücke zwischen den in der Ethik üblichen theoretischen Diskussionen der Philosophen und den praktischen Fragen von Zweiflern und Neulingen schließen. Eine Frage am Anfang ist: Wer *braucht* überhaupt Ethik? Eine andere lautet: Warum selbst- und eigenständig denken? Diese Fragen müssen beantwortet werden, bevor wir die übrigen Themen der Ethik – ihre Theorien, ihre Methoden und ihre Geschichte – in den Blick nehmen können.

Dann versucht dieses Buch zu zeigen, wie Ethik und bestimmte allgemein nützliche Methoden des praktischen Denkens miteinander verbunden sind. Es gibt ja zum Beispiel zahlreiche Bücher über kreative Problemlösungen: Wie kann man die Optionen und Möglichkeiten vervielfältigen und die Probleme so umgestalten, daß sich das ursprüngliche Problem verwandelt? Und es gibt ebenso umfangreiche Literatur darüber, wie man Konflikte lösen und Kompromisse finden kann. Dies sind zentrale Fähigkeiten, wenn wir vermeiden wollen, Werte und Menschen, die für die Werte einstehen, zu polarisieren. Das vorliegende Buch beleuchtet alle diese Fähigkeiten.

Zu guter Letzt beschäftigt sich dieses Buch mit dem Herzen. Zu oft habe ich erlebt, daß Studierende mit umfassender Kenntnis ethischer Theorien und ihrer spezifischen Anwendung aus einem Ethikkurs herauskommen. Doch sie haben in der Regel nur wenig Gefühl für die den Formalien zugrundeliegende Aufforderung zur Verantwortung und Sorgfalt. Dabei ist dieses Gefühl für Verantwortung und Sorgfalt von entscheidender Bedeutung. Einige der interessantesten Entwicklungen in der zeitgenössischen Ethik beginnen genau hier: Zum Beispiel können wir das neue ethische Bewußtsein Tieren gegenüber als Versuch begreifen, das Herz zu öffnen.

Dies ist also und vor allem ein *praktischer Begleiter* zur Ethik. Er soll die üblichen Einführungen in die Ethik ergänzen. Und er soll das Handwerkszeug für die ethische Praxis bereitstellen. Er lädt ein, erläutert, verbessert und erweitert. Er stellt die Ethik in einen größeren praktischen Zusammenhang, um damit ihre Rolle und ihr Potential deutlich zu machen. Er zielt darauf ab, dort kreative Möglichkeiten aufzudecken, wo wir jetzt nur Dilemmas und sperrige Konflikte sehen. Er versucht, sowohl unseren Verstand als auch unser Herz zu öffnen.

Es mag seltsam erscheinen, daß ein solches Buch überhaupt nötig ist. Warum reichen die großen Theorien der Ethik selbst oder die vielen ethischen Lehrbücher und Textsammlungen der Ethik nicht aus?

Die Antwort ist komplex – und auch umstritten – und kann an dieser Stelle nicht ausführlich behandelt werden. Ich werde nur das Folgende sagen. Eine bessere Einladung zur Ethik ist wichtig, weil die meisten der Hauptwerke der Ethik dazu neigen, die Notwendigkeit der Ethik als selbstverständlich vorauszusetzen. Dies ist nicht unbedingt ein Einwand – die Lehrbücher der Automechanik und der Tanztheorie setzen die Notwendigkeit der Automechanik und der Tanztheorie ebenfalls als selbstverständlich voraus –; aber es hinterläßt Lücken. Eine Ergänzung kann helfen. Ethik würde sonst vielleicht zum rein akademischen Übungsfeld oder als unnötiger Aufwand betrachtet werden. Warum sollte man eigenständig denken und damit soziale Mißbilligung und Unsicherheit provozieren, wenn man sich auch einfach nach dominierenden Wortführern einer Frage oder eines Diskurses richten könnte? Warum sollte man überhaupt nachdenken, wenn man einfach seine Gefühle befragen kann? In der Tat: Warum eigentlich?

In den Standardbüchern der Ethik werden nur selten praktische Fragen diskutiert: Wie man ein Problem so gestaltet, daß es möglichst effektiv gelöst werden kann; oder wie man effektiv, sei es im zwischenmenschlichen oder im öffentlichen, politischen Raum, mit grundsätzlichen ethischen Meinungsverschiedenheiten umgeht; oder warum und wie Gefühle eine Rolle spielen. Viele Philosophen konzentrieren sich lieber auf die besonderen, einzig der Ethik zugehörigen intellektuellen Herausforderungen. Aber die meisten Menschen wenden sich an die Ethik mit der Fragestellung nach dem – richtigen – Leben. Diese Frage ist sehr viel weiter gefaßt. Und sie umfaßt ein breites Spektrum an Schwierigkeiten und Herausforderungen, die die Phantasie und das Herz und den Verstand angehen. Konzentriert man sich dagegen nur auf die akademischen Fragestellungen der Ethik, dann kann es passieren, daß man die praktischen (wie auch die kreativen und imaginativen) Fähigkeiten vernachlässigt, die für die Ethik von vitaler Bedeutung sind, aber *nicht nur* zur Ethik gehören. Deshalb möchte dieses Buch Ethik und praktische Fähigkeiten des Lebens zusammenführen – und der Ethik damit ihren rechtmäßigen Platz zuweisen.

Dieses Buch wiederholt daher nicht die vielen Geschichten und Anwendungen der Ethik, die bereits auf dem Markt sind. Es legt die üblichen Theorien, ihre Vorteile, Fehler und Anwendungsmöglichkeiten nur kurz dar. Es soll statt dessen eine praktische Orientierung und gewisse Fähigkeiten der Problemlösung anbieten, um inmitten der üblichen Formalitäten einen offenen Raum zu schaffen und ihnen „ein Herz zu geben". Um es noch einmal zu sagen: Es ist ein *Begleiter* zur Ethik.

Ein Teil der in diesem Buch gegebenen Ratschläge mag trivial erscheinen. Wenn es Ihnen so ergeht, dann erinnern Sie sich bitte daran, daß wir sehr viel besser darin sind, anderen Ratschläge zu erteilen, als darin, zu erkennen, wann wir selbst Rat benötigen. In der Tat brauchen wir Rat, manchmal sogar den allereinfachsten. Wir brauchen Erinnerungshilfen. Und auch wenn für uns ein Fehler ganz offensichtlich ist, ist es für uns noch längst nicht offensichtlich, wie man sich besser verhält – und wie man den Fehler das nächste Mal verhindert. Vielleicht ist viel Zeit und Aufmerksamkeit nötig, um die dazu notwendigen Fähigkeiten zu entwickeln. Widmen Sie der Entwicklung dieser Fähigkeiten also die Zeit und die notwendige Aufmerksamkeit. Sie werden Ihnen die Mühe zurückzahlen – doppelt und dreifach!

1
Der Anfang

Wer braucht Ethik?

Warum reicht es nicht aus, unseren Gefühlen zu folgen oder „blind" auf die Intuition zu vertrauen, wenn wir darüber nachdenken, was wir tun oder wie wir leben sollten?

Zum Beispiel Vorurteile. Vorurteile zu haben bedeutet, ein starkes negatives Gefühl jemandem gegenüber zu haben, der anders ist. Wenn Ethik nur eine Frage von Gefühlen wäre, dann wäre nichts gegen solche Vorurteile zu sagen. Es wäre völlig moralisch, Menschen zu diskriminieren, die man nicht mag.

Der Instinkt sagt ja. Aber die Ethik sagt nein. Die Ethik kann sogar genau diese Gefühle in Frage stellen. „Vorurteil" bedeutet wörtlich: „Vor-Urteil": Es bedeutet, nicht, nicht wirklich aufmerksam zu sein. Aber wir müssen aufmerksam sein. Wir müssen uns selbst fragen, warum wir so fühlen, wie wir es gerade tun. Wir müssen uns fragen, ob unsere Überzeugungen und Gefühle wahr oder fair sind, wie wir uns in der Haut eines anderen fühlen würden und so weiter. Nur indem wir sorgfältig über diese Gefühle nachdenken, können wir anfangen, ihre Beschränkungen zu erkennen, um sie dann, falls es nötig ist, zu ändern.

Also fordert uns die Ethik auf, aufmerksam nachzudenken, auch über Gefühle, die möglicherweise sehr stark sind. Die

Ethik fordert uns auf, *achtsam* zu leben: darauf achtzugeben, wie wir handeln, und sogar darauf, wie wir fühlen.

Es gibt einen weiteren Unterschied zum „blinden" Vertrauen auf die Intuition. Oft ist es so, daß Intuition und Gefühl komplexe Situationen vereinfachen. Wir wollen die Dinge klar und eindeutig sehen, wenn sie es nicht sind. Und in der Folge reden wir uns vielleicht selbst ein, daß sie es sind. Im Gegensatz dazu ist das achtsame Nachdenken geduldiger. Wenn die Dinge wirklich unklar sind, muß das Gefühl vielleicht sogar warten. Voreilige Klarheit ist schlimmer als Verwirrung. Möglicherweise müssen wir mit einigen Fragen eine lange Zeit leben, bevor wir entscheiden können, wie wir in bezug auf sie fühlen sollten.

Und: Unsere Gefühle sind leicht zu manipulieren. Zum Beispiel passiert es leicht, sich von „befrachteter" Sprache, die mit unseren Emotionen spielt, in die eine oder die andere Richtung beeinflussen zu lassen. Wenn Sie Abtreibung als „Babymord" definieren, schaffen Sie ein negatives Gefühl, das den Fall gegen die Abtreibung abschließt, bevor er überhaupt eröffnet werden kann. Aber ein Fötus ist kein Baby (schlagen Sie das Wort nach). Wenn Sie andererseits Abtreibung als nichts anderes als eine „kleine medizinische Behandlung" bezeichnen, legen Sie nahe, daß sie kein echter Eingriff und sogar gesund ist. Das ist sie nicht. In beiden Fällen geraten wir in vorgefertigte emotionale Verstrickungen, ohne darüber nachzudenken. Gewohnheit und Konformität übernehmen die Entscheidung.

Achtsames Nachdenken ist im Gegensatz dazu komplexer und ergebnisoffen. In diesem Sinne nähert sich die Ethik umstrittenen aktuellen Themen wie der Abtreibung, der Arbeitsethik oder dem Status anderer Tiere. Zum Beispiel finden wir andere Tiere durchaus nett und haben sie gern.

Aber viele nutzen wir auch als Nahrung, für Schuhe, chemische Tests, sogar als Sportobjekte. Sollte all das aufhören? Vermutlich nicht. Sollte manches davon aufhören? Welche Nutzung von Tieren sollte also aufhören und welche nicht? Warum? Wie entscheiden Sie sich?

Diese Fragen können nicht intelligent beantwortet werden, wenn man nur seine Gefühle befragt. Es gibt zu viele verschiedene Möglichkeiten, zu viele verschiedene „Nutzungsarten", zu viele verschiedene Meinungen und auch Vorurteile – auf allen Seiten –, die sorgfältig ausgesondert werden müssen. Dies braucht, wie erwähnt, einige Zeit und Aufmerksamkeit. Vielleicht sogar einen gewissen Grad von Kompromißbereitschaft.

Jedes ethische Thema, das in diesem Buch besprochen wird, ist ein weiteres Beispiel dafür. Ich werde versuchen aufzuzeigen, daß das Nachdenken über diese Themen intelligenter und kreativer sein kann, als wir normalerweise für möglich halten. Aber das Schlüsselwort bleibt „Nachdenken". Die Ethik lädt uns dazu ein, es zu versuchen.

Einige Irrwege

Es gibt viele Möglichkeiten, zu ethischer Unachtsamkeit verführt zu werden. Vor einigen müssen wir gewarnt sein.

Dogmatismus

Ein Dogmatist, eine Dogmatistin ist jemand, der oder die unverrückbar von einer Antwort auf eine ethische Frage überzeugt ist, oder vielleicht von einer Antwort auf alle ethischen Fragen. *Welche* Antwort, ist nicht so klar: Dogmastisten neigen (ironischerweise) dazu, nicht derselben Meinung zu sein. Allerdings sind Dogmastisten sehr wohl der Meinung, daß sorgfältiges und unvoreingenommenes Nachdenken über ethische Fragen nicht nötig sei. Wenn man die Antwort bereits kennt, gibt es keinen Grund, darüber nachzudenken. Auseinandersetzung und Unsicherheit sind, Dogmatisten zufolge, kein notwendiger Teil des ethischen Denkens (oder des täglichen Lebens, nehme ich an).

Wie kommt Dogmatismus zustande? Eine Möglichkeit ist die Folgende. Uns wird oft gesagt, daß es eine Art von Schwäche ist, Zweifel zu haben, insbesondere an den eigenen moralischen Standpunkten. Statt dessen wird vorausgesetzt, daß moralische Ernsthaftigkeit in unbeugbaren Prinzipien und absoluten Überzeugungen besteht. Aber bedenken Sie, was dieser Standpunkt bedeutet, wenn man ihn zu seinem logischen Schluß führt. Wer für seine Überzeugung argumentieren muß, gibt zu, daß sie verteidigt werden muß, was bedeutet, daß andere legitimerweise Zweifel haben können. Aber das kann nicht richtig sein: Als Dogmatist wissen Sie bereits, daß Ihr Standpunkt der einzig richtige ist. Demnach ist jedes begründete Argument für Ihre Überzeugung überflüssig. Und jedes begründete Argument gegen Ihre Überzeugung ist offensichtlich, ohne einen weiteren Gedanken (oder sogar ohne überhaupt einen Gedanken) zu verschwenden, absurd. Warum also zuhören?

Soviel ist richtig am Dogmatismus: Einer bestimmten Reihe von Werten anzuhängen – sie im Leben umzusetzen, oder es zu versuchen, und ihnen treu zu bleiben, wenn wir es können – ist eine gute Sache. Es ist aber keine gute Sache, ihnen so starr anzuhängen, daß man eine andere Sichtweise gar nicht mehr einnehmen kann oder daß man sie anders als durch einfache und wiederholte (wahrscheinlich lauter und lauter werdende) Bekräftigungen gar nicht verteidigen kann. Eine solche erstarrte Haltung ist ein Irrweg, eine Falle. Erstarrt, kann man nicht einmal mehr nachdenken. Sie ist eine Falle, die dazu führt, daß wir sagen: „Meine Entscheidung ist gefallen: Bitte bring' mich nicht mit Fakten durcheinander."

Ethik, um es noch einmal zu sagen, bietet ein anderes Bild. Sinn der Ethik ist – den Stereotypen zum Trotz – nämlich nicht, zu moralisieren oder zu diktieren, wie man sich verhalten soll. Ethik ist nicht eine andere Form von Dogmatismus. Sinn der Ethik ist, Hilfsmittel zum Denken über schwierige Themen anzubieten, wobei von vornherein klar ist – und zwar tatsächlich als eigentliche Begründung der Ethik – daß die Welt selten so einfach oder eindeutig ist. Auseinandersetzung und Unsicherheit sind Teil der Ethik, so wie sie Teil des Lebens sind. Das ist es, was das Leben schwierig macht. Es ist aber auch das, was das Leben so interessant macht, so schön manchmal, und so voll von Möglichkeiten und Versprechungen.

Manchmal ist es schon schwierig genug, nur konsequent zu sein. Zum Beispiel unterstützen Leute, die sich aktiv für Tierschutz einsetzen, oft auch eine legalisierte Abtreibung. Aber ist es konsequent, die Hilflosen in einem Fall zu unterstützen und nicht in beiden? Und dann gibt es Leute, die einerseits gegen Abtreibung sind, mit der Begründung, daß alles Leben heilig sei – und sie sprechen sich andererseits für die Todesstrafe aus. Hier ist die Frage in etwa die gleiche. Wenn alles Leben heilig ist, ist nicht auch das eines Mörders heilig, müßten sie nicht auch Pazifist sein und Vegetarier?

Diese Fragen mögen sehr wohl zu beantworten sein. Es gibt Menschen, die die scheinbaren Widersprüche erkannt und angesprochen haben. Die Sache ist nur, daß die Antworten nicht auf der Hand liegen. Etwas unvoreingenommenes Nachdenken kann man nicht umgehen.

Rationalisieren

Ein weiterer Feind ethischen Denkens ist, was ich „Stegreif-Rechtfertigung" nenne. Das ist die Strategie der Rationalisierer/innen.

Stellen Sie sich vor, jemand vertritt eine moralische Position. Nehmen Sie des weiteren an, diese Meinung wird dogmatisch ausgesprochen, das heißt, als offenkundig dargestellt, unangefochten von Zweifeln oder zweitem Nachdenken. Und gehen Sie davon aus, daß diese Position sicherlich niemals von dem oder der Dogmatist/in selbst angezweifelt wird.

Doch dann wird diese Meinung in Frage gestellt. Ein Freund, den man nicht einfach übergehen kann, widerspricht überraschenderweise. Ein Kind, daß die Regeln der Höflichkeit noch nicht gelernt hat, fragt immer wieder „warum?"

Für einen Moment ist die Position in Gefahr. Der Dogmatist mußte niemals zuvor einen Grund anführen. Läßt Ihr Dogmatist nun Zweifel oder Unsicherheit zu? Das ist unwahrscheinlich. Statt dessen mühen sich Dogmatisten, ihr Gesicht zu wahren: indem sie plausibel klingende Begründungen finden, die ihre ursprünglichen Hochstapeleien rechtfertigen. Das heißt, sie rationalisieren.

Doch solche aus dem Ärmel geschüttelten Begründungen sind selten auch gute Begründungen; das macht es um so wahrscheinlicher, daß jemand darauf hinweist, und dies führt zu einer neuerlichen Folge von Anfechtung, Peinlichkeit, Verteidigung und schließlich Ärger. Zum Beispiel bestand in einer Seminardiskussion einer meiner Studenten inbrünstig darauf, daß es nicht unmoralisch sei, Tiere als Nahrung zu töten. Auf die Frage „warum?" schien er zunächst verwirrt und verkündete dann schnell: „Weil sie vier Beine haben statt zwei wie wir." Offensichtlich suchte er fieberhaft nach einer Begründung, und das war die erste, die ihm einfiel. Unglücklicherweise war es eine schlechte. Er hatte keine Ahnung, warum die Anzahl der Beine einen Unterschied in der Behandlung eines Lebewesens machen sollte. Außerdem hatte er vergessen, daß einige andere zweibeinige Tiere – Hühner zum Beispiel – ebenfalls in großen Mengen als Nahrung getötet werden.

Es mag durchaus gute Gründe für den Standpunkt dieses Studenten geben. Der Punkt ist, daß der schnelle Rationalisierer sie nicht finden wird. Beachten Sie, daß das Ergebnis des Rationalisierens schlimmer ist, als nur eine unintelligente Meinung zu vertreten. Wenn wir rationalisieren, belasten wir uns mit mehr und mehr unintelligenten Meinungen – neuen, aus dem Stegreif erfundenen, um die Löcher in den alten zu stopfen. Aber die neuen sind mit großer Wahrscheinlichkeit genauso voller Löcher wie die Zwei-Beine-Ausflucht. Das Spiel ist nicht zu gewinnen.

Besser ist es, einfach aufzuhören, eine gewisse Unsicherheit zuzugeben, und weiter über die Frage nachzudenken. Es ist nicht nötig, über absolut alles eine Meinung zu haben, und mit Sicherheit ist es nicht nötig, über absolut alles eine absolute Meinung zu haben!

Relativismus kann einfach in der Beobachtung bestehen, daß verschiedene Individuen und Gesellschaften unterschiedliche Wertmaßstäbe und Regeln haben. Einige Menschen bringen alles zum Recycling, während andere kaum ihren Müll in den Abfalleimer bekommen. Einige Gesellschaften nehmen die sexuelle Selbstkontrolle der Jugend äußerst wichtig, andere weniger. Als Captain Cook in den 70er Jahren des 18. Jahrhunderts in Hawaii ankam, stellte er verblüfft fest, daß die Hawaiianer sich mehr darum zu sorgen schienen, wenn unverheiratete junge Leute miteinander aßen, als wenn sie miteinander schliefen.

Relativisten und Relativistinnen stellen zumeist des weiteren fest, daß kein einzelner Wertmaßstab allein richtig ist. Mitunter ist der Relativismus in diesem Sinne vollkommen angemessen. Wenn Sie keine Himbeeren mögen, müssen Sie keine essen. Sie haben nicht „unrecht" (Pech vielleicht – aber das ist natürlich nur meine Sichtweise). Sogar in der Ethik ist ein bißchen Relativismus manchmal nützlich. Manchmal müssen wir zum Beispiel Moralisten in ihre Schranken weisen. Manchmal müssen wir unser Recht verteidigen, so zu handeln, wie wir wollen, auch wenn andere darin einen großen Fehler sehen. Und jenseits der praktischen Ebene gibt es tiefgreifende Fragen in den Bereichen von Wahrheit und Konsens, die gewisse philosophische Formen des Relativismus zu beleuchten helfen.

Wenn er aber zu einem Weg wird, sorgfältiges und unvoreingenommenes Denken in der Ethik zu vermeiden, richtet Relativismus Schaden an. Zum Beispiel mag jemand darauf bestehen, ethisches Handeln sei eine ganz und gar persönliche Angelegenheit und gehe niemanden sonst etwas an. Eine andere Form des Relativismus behauptet, ein moralischer Standpunkt sei so gut wie der andere. Solche Sichtweisen werden schnell zur unreflektierten Selbstrechtfertigung. Wenn kritische Fragen einfach mit einer Handbewegung vom Tisch gewischt oder mit der Bemerkung „kümmere dich um deine eigenen Angelegenheiten" abgewiesen werden können, dann ist es zu einfach, überhaupt niemals kritisch zu denken.

Nehmen Sie zum Beispiel an, ich behaupte, Sie sollten niemals einem Arzt vertrauen, eine Entscheidung auf Leben oder Tod zu fällen, weil – so behaupte ich – Ärzte mehr an ihren Honoraren und ihrem Prestige interessiert sind als am Wohlergehen der Patienten. Sie widersprechen mir, indem Sie sagen, daß viele Ärzte nicht in dieses Klischee passen. Nun kann ich nicht einfach antworten: „Eine Meinung ist so gut wie die andere" oder „Wer kann entscheiden, daß ich unrecht habe" oder sogar „Stimmen wir darin überein, daß wir unterschiedlicher Meinung sind". Ich habe ganz einfach unrecht – nicht immer, nicht in bezug auf alle Ärzte und Ärztinnen, aber sicherlich in bezug auf einige. Sie sind berechtigt, das zu sagen. Und ich muß meine Meinung noch einmal überdenken und revidieren und schließlich einigen Ärzten zugestehen, daß sie nicht in dieses Muster passen.

Dasselbe gilt für moralische Standpunkte, die auf unachtsamem Denken beruhen. Wenn ich eine Eigenschaft von einem Angehörigen einer ethnischen Gruppe auf alle übertrage, oder wenn ich mich weigere zu bedenken, daß meine Handlungen möglicherweise anderen Personen oder Lebewesen Leid zufügen können, oder wenn ich meine umweltverschmutzenden Gewohnheiten damit entschuldige, daß die gesamte Umweltkrise eine Falschmeldung sei, bin ich nicht dazu berechtigt, Relativismus als Entschuldigung zur schnellen Beendigung einer Diskussion anzuführen und alle Gegenargumente im Keime zu ersticken. Ich muß meine

Meinung sowie die dahinterstehenden Überzeugungen und Argumentationen verteidigen. Ich muß die Belege und Gegenbelege unvoreingenommen berücksichtigen und, falls nötig, meine Meinung ändern.

Das ist leicht verständlich – eigentlich wissen wir es schon alle. Solcherart Relativismus geht einfach zu weit. Wertmaßstäbe und Regeln sind anwendbar. Die gleichen alten Erfordernisse von Aufmerksamkeit und Sorgfalt bleiben bestehen, auch wenn sie nicht alle Unstimmigkeiten aus dem Weg räumen. Die Werte mögen unterschiedlich sein – in diesem Sinne sind Werte wirklich relativ – aber die Tatsache, daß die Werte unterschiedlich sein mögen, befreit uns nicht von der Aufgabe, mit den Werten, die wir haben, besser umzugehen.

„Kümmere dich um deine eigenen Angelegenheiten" ist darüber hinaus eine asoziale Antwort. Themen wie beispielsweise die Umweltverschmutzung gehen uns alle an. Vergiftete Luft dringt in unser aller Lungen ein, vergiftetes Wasser in unser aller Körper. Auf der anderen Seite könnte das Geld, das für die Beseitigung von Umweltschmutz und für dessen Vorbeugung ausgegeben wird, auch für andere Zwecke verwendet werden, vielleicht für bessere Zwecke. Für manche Menschen könnte unsere Entscheidung, so oder so, lebenswichtig sein. Dasselbe gilt für Arbeitsethik, Abtreibung und Sterbehilfe, den Umgang mit anderen Tieren und viele andere ethische Themen. Keines davon ist nur eine Angelegenheit persönlicher Vorliebe. Diese Themen – grundlegende ethische Themen – gehen alle an.

Einige Philosophen meinen, daß genau dies der entscheidende Punkt der Ethik ist: uns zu helfen, uns auf bestimmte Wertmaßstäbe und Regeln zu einigen, nach denen wir leben können, wenn wir alle vom Verhalten der jeweils anderen

betroffen sind. Danach kommt die Ethik genau in den Fällen zum Zug, in denen die Einstellung „Kümmere dich um
deine eigenen Angelegenheiten" nicht funktioniert, um das
Problem zu lösen. Statt dessen müssen wir uns bemühen,
die Sache gemeinsam zu lösen. Wir müssen die Dinge sorgfältig durchdenken, mit Belegen und Fakten verantwortungs-
voll umgehen und die Fragen ausdiskutieren. Und da fängt
Ethik an.

2
Selbständig denken

Von Anfang an blicken wir auf andere, um uns zu orientieren: Eltern, Lehrer/innen und Rollenvorbilder. Auch als Erwachsene wenden wir uns für Rat und Hilfe an die Familie oder an Freunde. Außerdem richten wir uns nach unseren religiösen, philosophischen und politischen Traditionen. Auf diese Weise lernen wir zunächst viele unserer Werte, und so verändern oder vertiefen sie sich im Laufe der Zeit. Und so sollte es auch sein.

Allerdings kann man dies auch übertreiben. Es ist eine Sache, sich um Rat und Hilfe an andere zu wenden. Aber es ist eine völlig andere Sache, andere für sich entscheiden zu lassen. Die Ethik fordert uns auf, selbständig zu denken.

Ratsuche bei Autoritäten

Für das ethische Handeln sind drei verbreitete Wege zu nennen, sich an Autoritäten zu wenden:

– Es gibt die Ausrichtung an sozialen Normen. Dabei kann man sich an die Autorität anderer Menschen, der Gesellschaft oder der Tradition halten. Verhalte dich so, so sagt man uns, weil „man sich so verhält".

– Es gibt Befehle und Anordnungen von Führern oder Vorgesetzten.

– Es gibt die Ratsuche bei Gott – die sich in der Praxis entweder an religiöse Autoritäten und Wortführer oder an verbindliche Texte wie die Bibel des Christentums richtet.

In jedem dieser Fälle ist uns klar, daß wir eine sehr viel stärkere Handlungsanweisung als bloßen Rat oder Hilfe bekommen. Wenn bei der Autorität nachgefragt wird, ist es an uns, einfach nur zu gehorchen. Tu, was erwartet wird, befolge die Befehle, gehorche Gott. Nachdenken und eine selbständige Entscheidung sind nicht gefragt. Tatsächlich können wir, wenn diese Einstellung bis ins Extrem getrieben wird, ausdrücklich dazu angehalten werden, *nicht* selbständig zu denken oder zu entscheiden.

Wir haben aber die Verantwortung, selbständig zu denken. Keine der gebräuchlichen Arten, sich nach Autoritäten zu richten, kann unser achtsames und vorurteilsfreies Nachdenken ersetzen.

Nehmen wir zunächst gesellschaftliche Normen. Sicherlich sind gesellschaftliche Normen oft weise, sicherlich können wir viel darin finden, was zu respektieren ist. Dennoch sind sie auch nicht selten das Produkt von Gewohnheit und Vorurteil, Engstirnigkeit oder gar von Unterdrückung – und damit ganz und gar nicht weise. Vergessen Sie nicht, daß Rassismus und Sexismus gesellschaftliche Normen waren – und es in mancher Hinsicht immer noch sind. Auch Höflichkeit zählt dazu, aber auch ängstliche Konformität und Argwohn gegenüber irgendwelchen neuen Ideen. Tatsächlich sind gesellschaftliche Normen eine zwiespältige Angelegenheit: Man sollte sie nicht ignorieren, aber sicherlich sind sie auch nicht der Weisheit letzter Schluß.

Entsprechend können die Anordnungen von Meinungsführern oder Vorgesetzten falsch sein. In der letzten Zeit sind

Fälle bekannt geworden, in denen Mißstände in der Verwaltung und den öffentlichen Diensten aufgedeckt wurden – illegale Umweltverschmutzung, schlechte oder tödliche Produkte, Polizeikorruption usw. Solche Fälle kommen vor, aber es wird starker Druck ausgeübt, sie nicht publik werden zu lassen: durch indirekte Drohungen und die Fesseln der Gruppenloyalität sowie durch direkte Drohungen und Befehle, den Mund zu halten. Um diesem Problem zu begegnen, unternehmen viele Organisationen inzwischen Schritte, die Informanten zu schützen und ihnen zu erlauben, ihre Beschwerden innerhalb der Organisation selbst zum Ausdruck zu bringen. Einige Unternehmen geben selbst zu, daß ihre eigenen Normen – bis hin zu den direkten Befehlen von Vorgesetzten – nicht absolut bindend sind und sein sollten.

Die Befehle von politischen und militärischen Führern können ebenfalls falsch sein. Während des Prozesses gegen Leutnant William Calley wegen Kriegsverbrechen im vietnamesischen Dorf My Lai in 1986 veröffentlichte die *New York Times* die Aussage von James Dursi, einem Schützen in Calleys Kompanie:

„Leutnant Calley und ein weinender Schütze namens Paul Meadlo … stießen die [Dorfleute] in den Graben … Leutnant Calley gab den Befehl zu schießen, ich kann mich nicht an die genauen Worte erinnern – es war etwas wie ‚fangt an zu schießen'. Meadlo wandte sich zu mir um und sagte: ‚Schieß, warum schießt du nicht?' Er weinte. Ich sagte: ‚Ich kann nicht. Ich tu's nicht.' Dann richteten Leutnant Calley und Meadlo ihre Gewehre in den Graben und schossen. Die Menschen fielen, einer über den anderen, Mütter versuchten, ihre Kinder zu schützen …"

Dursi verweigerte einem direkten Schießbefehl den Gehorsam. Dennoch war er im Recht. Grundsätzlich ist es auch bei einem direkten Befehl immer noch unsere Verantwortung, zu entscheiden, ob wir ihn befolgen oder nicht. Dieses Prinzip ist wiederholt in Kriegsverbrechertribunalen bekräftigt worden. Es genügt nicht, zu sagen: „Ich habe nur Befehle ausgeführt."

Religiöse Autoritäten

Die Ratsuche bei religiösen Autoritäten scheint etwas ganz anderes zu sein. Gott kann – per Definition, wie einige sagen würden – nicht im Unrecht sein. Wir stellen uns Gott allwissend und absolut gut vor. Deshalb sind die Gebote eines solchen Gottes sicherlich verbindlich: mit Sicherheit besser als unser eigenes bruchstückhaftes Wissen und unsere zweifelhafte Güte, und damit notwendigerweise die richtige Instanz für unser ethisches Handeln. Die Ratsuche bei Gott scheint ein klarer Fall zu sein, in der einer Autorität zwingend Folge zu leisten ist.

Doch die Dinge sind nicht so klar. Ein Problem ist natürlich, daß es verschiedene Religionen gibt. Der Gott der einen Religion mag das eine sagen, der Gott einer anderen etwas anderes. Das bedeutet zumindest, daß die Ratsuche bei dem Gott einer Religion die Dinge nicht klären kann, wenn Menschen einer anderen (oder keiner) Religion beteiligt sind. Aus diesem Grund sind Kirche und Staat in Amerika getrennt: Wir sind Menschen verschiedener Religionen, die sich begegnen und auf einem gemeinsamen und deshalb neutralen Grund zusammenleben.

Aber es gibt eine noch tiefere und fundamentalere Schwierigkeit. Die Ratsuche bei Gott wendet sich in der Praxis niemals direkt an Gott. Statt dessen wendet sie sich an religiöse Führer, die für sich in Anspruch nehmen, für Gott zu sprechen, oder an einen religiösen Text, der den Anspruch erhebt, das wahre Wort Gottes zu sein. Und das bedeutet, daß unvermeidbar wiederum menschliche Autoritätsansprüche ins Spiel kommen.

Und das ist etwas völlig anderes. Gott mag vollkommen gut sein, aber es gibt keine Garantien über irgend jemanden sonst. Etablierte Religionen spiegeln möglicherweise die gerade erwähnten verdrehten und rückständigen gesellschaftlichen Normen wider. In der amerikanischen Bürgerrechtsbewegung zum Beispiel haben sich die Kirchen der Weißen trotz des Heroismus einiger einzelner Priester nicht sehr hervorgetan (sie waren auch nicht auffällig unbeteiligt, aber genau das ist der Punkt: Sie spiegelten ihre Gesellschaft wider). Durch die Geschichte hindurch haben viele Kirchen die Sklaverei befürwortet. Die „Bibel" jeder Religion ist inzwischen das Produkt einer langen Geschichte von menschlichem Übersetzen, Redigieren, Streit oder sogar von Verfolgung und Jahrhunderten kriegerischer Auseinandersetzungen. Wissenschaftler etwa nehmen an, daß die ersten fünf Bücher des christlichen Alten Testaments – die auch die jüdische Thora bilden – nicht eine Stimme wiedergeben, sondern das Werk mindestens dreier verschiedener Autoren ist, das später von wiederum anderen Schreibern miteinander verknüpft wurde. Noch später wurden sie übersetzt – vom Hebräischen ins Griechische, vom Griechischen ins Lateinische –, und sie werden heute von Juden und Christen immer noch sehr unterschiedlich gelesen.

Tatsächlich richtet sich die Ratsuche bei „Gottes Wort" somit unvermeidbar an menschliche Interpretationen, menschliche Auseinandersetzungen, und menschliche Sichtweisen. Das gilt auch dann, wenn Sie glauben, daß diese letztlich von Gott inspiriert worden sind. Wie wir bereits gesehen haben, kann diese Art von Ratsuche nicht das letzte Wort sein. Es mag sein, daß sie viel zu bieten hat – manchmal vielleicht sogar das Beste, was die menschliche Tradition bieten kann – aber selbst dann kann sie unser eigenes Urteil nicht ersetzen.

Das Problem der Ambiguität

Ein weiteres Problem der Ratsuche bei einer göttlichen Autorität, vor allem wenn wir heilige religiöse Texte wie die Bibel konsultieren, ist, daß diese Texte häufig mehrdeutig sind. Die Geschichten sind komplexer, als wir zunächst annehmen, und ihre Moral ist sehr viel unklarer.

Ein Beispiel. Einige Christen behaupten, daß die Bibel Homosexualität verurteilt. Eine verbreitete biblische Referenz dazu ist die Geschichte der Zerstörung von Sodom. Lesen Sie die Geschichte:

„Die beiden Engel kamen am Abend nach Sodom. Lot saß im Stadttor von Sodom. Als er sie sah, erhob er sich, trat auf sie zu … und sagte: Meine Herren, kehrt doch im Haus eures Knechtes ein, bleibt über Nacht und wascht euch die Füße! Am Morgen könnt ihr euren Weg fortsetzen … Er redete ihnen so lange zu, bis sie mitgingen und bei ihm einkehrten. Er bereitete ihnen ein Mahl, ließ ungesäuerte Brote backen, und sie aßen.

Sie waren noch nicht schlafen gegangen, da umstellten die Einwohner der Stadt das Haus, die Männer von Sodom, jung und alt, alles Volk von weit und breit. Sie riefen nach Lot und fragten ihn: Wo sind die Männer, die heute abend zu dir gekommen sind? Heraus mit ihnen, wir wollen mit ihnen verkehren [d. i. vergewaltigen]. Da ging Lot zu ihnen hinaus vor die Tür, schloß sie hinter sich zu und sagte: Aber meine Brüder, begeht doch nicht ein solches Verbrechen! Seht, ich habe zwei Töchter, die noch keinen Mann erkannt haben. Ich will sie euch herausbringen. Dann tut mit ihnen, was euch gefällt. Nur jenen Männern tut nichts an; denn deshalb sind sie ja unter den Schutz meines Daches getreten. Sie aber schrien! Mach dich fort! (...) Sie setzten dem Mann, nämlich Lot, arg zu und waren schon dabei, die Tür aufzubrechen. Da streckten jene Männer die Hand aus, zogen Lot zu sich ins Haus und sperrten die Tür zu. Dann schlugen sie die Leute vor dem Haus, groß und klein, mit Blindheit, so daß sie sich vergebens bemühten, den Eingang zu finden." (Genesis 19:1–11)

Gott zerstört die Stadt am nächsten Tag, nachdem er Lot und seiner Familie geholfen hat zu fliehen.

Die Geschichte ist kompliziert und verwirrend. Gott zerstört die Stadt, also gibt es mit Sicherheit etwas, das Er dort verurteilt. Aber was? Der Text gibt keine Auskunft darüber. Die traditionelle Lesart ist, daß die wahren Verbrechen Sodoms in dem schockierenden Grad von Gewalt und der extremen Respektlosigkeit gegenüber Fremden lagen. Die Propheten Jesaja und Ezechiel beziehen sich ausdrücklich auf die Sünde von Sodom als Sünde des Unrechts, der Unterdrückung und des Hochmuts. Nach dieser Sichtweise hat Homosexualität nichts damit zu tun.

Falls etwas in dieser Geschichte spezifisch verdammt wird, könnten wir annehmen, daß es sich um die Vergewaltigung handelt. Schließlich war Vergewaltigung das, was die Meute im Sinn hatte, und diese wird, zusammen mit der Stadt, die sie repräsentiert, auf der Stelle bestraft. Aber zwei Dinge sind hierbei verwirrend. Tatsächlich ist dies fast die einzige klare Verurteilung, die die Geschichte *nicht* macht. Lot, der als der einzige einigermaßen anständige Mann in Sodom vorgestellt wird, bietet der Meute tatsächlich ja seine Töchter als Ersatz für seine Gäste an. Die Engel verhindern zwar auch, daß diese Vergewaltigungen in die Tat umgesetzt werden, aber Gott rettet dennoch Lot vor der Verwüstung der restlichen Stadt. Hat Gott gegen Lots Behandlung seiner eigenen Töchter nichts einzuwenden? Ist der Schutz, den sein Dach den Fremden bietet, wichtiger als der Schutz, den sein Dach seinen eigenen Kindern bietet?

Wir erinnern uns, daß die Geschichte zu einer Zeit geschrieben wurde, deren Werte sehr verschieden von den heutigen waren: als etwa Frauen nur als das Eigentum eines Mannes – des Vaters oder des Ehemannes – angesehen wurden, die, so wie er es für angemessen hielt, zu seiner Verfügung standen. Wir sehen an dieser Stelle das Eindringen menschlicher Vorurteile und Blindheit in einen Text, der als Wort Gottes gilt. Unabhängig davon, was die Geschichte verurteilt oder nicht verurteilt, können wir somit Zweifel haben, daß sie eine echte moralische Autorität verkörpert.

Jedenfalls werden wir darüber im unklaren gelassen, was Gott in Sodom verurteilt. Daß es die Homosexualität sei, ist ein recht gewagter Sprung – dies können, so ist zu vermuten, Menschen hinzufügen, die der Homosexualität bereits feindlich gegenüberstehen und die in den Schriften nach einer Bestätigung suchen. Aber in diesem Fall müssen wir ihre Gründe anhören und bewerten; ein gezwungenes Lesen der Schrift, um zu den erwünschten Ergebnissen zu kommen, können wir nicht akzeptieren. Vielleicht gibt es gute Gründe, doch eine einfache Berufung auf die Geschichte von Sodom ist keiner.

Selbständig denken: ein biblisches Modell

Dies ist unsere Verantwortung: selbständig zu denken. Wie schon gesagt, heißt das nicht, daß wir niemals auf andere hören sollten. Auf guten Rat zu hören und über neue Sichtweisen nachzudenken, ist eminent wichtig. Auch religiöse Texte sind lange Zeit Quellen großer Inspiration und

Stimulation gewesen: Nutzen Sie sie. Aber danach liegen Interpretation, Reflexion und Entscheidung immer noch bei uns.

Vielleicht hilft es, wenn man sich einen anderen Teil der Geschichte von Sodom in Erinnerung ruft – ein Teil, der in der Berufung auf Gottes Autorität sehr selten zitiert wird, aber nichtsdestoweniger ein Teil und tatsächlich gerade in direkter Nachbarschaft der eben zitierten Episode. Kurz bevor die Engel nach Sodom kommen, besuchen sie den Patriarchen Abraham in seinem Wüstenzelt. Beim Gehen verkünden sie Gottes Absicht, Sodom zu zerstören, falls die Gerüchte darüber wahr seien.

Abraham ist deswegen beunruhigt. Er kann keine Gerechtigkeit darin sehen, die Unschuldigen zusammen mit den Schlechten zu töten. Darum – so die Bibel – „ging Abraham vor Gott". Er nahm es tatsächlich auf sich, Gottes Ratschluß zu hinterfragen!

„Er trat näher und sagte: Willst du auch den Gerechten mit den Ruchlosen wegraffen? Vielleicht gibt es fünfzig Gerechte in der Stadt: Willst du auch sie wegraffen und nicht doch dem Ort vergeben wegen der fünfzig Gerechten dort? Das kannst du doch nicht tun, die Gerechten zusammen mit den Ruchlosen umbringen. Dann ginge es ja dem Gerechten genauso wie dem Ruchlosen. Das kannst du doch nicht tun. Sollte sich der Richter über die ganze Erde nicht an das Recht halten? Da sprach der Herr: Wenn ich in Sodom, in der Stadt, fünfzig Gerechte finde, werde ich ihretwegen dem ganzen Ort vergeben. Abraham antwortete und sprach: Ich habe es nun einmal unternommen, mit meinem Herrn zu reden, obwohl ich Staub und Asche bin. Vielleicht fehlen an den fünfzig Gerechten fünf. Wirst du wegen der fünf die ganze Stadt vernichten? Nein, sagte er, ich werde sie nicht vernichten, wenn ich dort fünfundvierzig finde. Er fuhr fort, zu ihm zu reden: Vielleicht finden sich dort nur vierzig. Da sprach er: Ich werde es der vierzig wegen nicht tun. Und weiter sagte er: Mein Herr, zürne nicht, wenn ich weiterrede. Vielleicht finden sich dort nur dreißig. Er entgegnete: Ich werde es nicht tun, wenn ich dort dreißig finde. Darauf sagte er: Ich habe es nun einmal unternommen, mit meinem Herrn zu reden. Vielleicht finden sich dort nur zwanzig. Da sagte er: Ich werde es um der zwanzig willen nicht vernichten. Und nochmals sagte er: Mein Herr, zürne nicht, wenn ich nur noch einmal das Wort ergreife. Vielleicht finden sich dort nur zehn. Und wiederum sprach er: Ich werde sie um der zehn willen nicht vernichten. Nachdem der Herr das Gespräch mit Abraham beendet hatte, ging er weg, und Abraham kehrte heim." (Genesis 18:23–33)

Was erzählt uns die Bibel hier? Sicherlich nicht, daß wir einfach tun sollten, was uns gesagt wird, akzeptieren sollten, was auch immer die Autorität zu tun entscheidet. Ganz im Gegenteil! Abraham, der verehrte Urvater, gehorchte nicht einfach. Er wollte keine Ungerechtigkeit akzeptieren, sogar als die Entscheidung von Gott selbst stammte. Er ging zu Gott („ich, der ich nur Staub und Asche bin") und beklagte sich. Er fragte, er zweifelte den Ratschluß an. „Soll nicht der Richter über die ganze Erde das Rechte tun?"

Abraham dachte selbst nach. Und er wurde dafür auch noch ausgezeichnet. Gott hörte ihn an und antwortete. Lot selbst wurde gerettet, so die Bibel später, weil Gott „an Abraham dachte" (Genesis 19:29). Wenn sich das nächste Mal jemand so verhält, als wäre es unsere Sache, einfach nur zu gehorchen, sei es den Geboten Gottes (in ihrer Interpretation) oder den Ordern irgendeiner anderen Autorität – denken Sie an Abraham!

Die Frage der Regeln

Ähnlich wie bei der Berufung auf eine Autorität verhält es sich mit Regeln und Vorschriften – oder vielmehr dem, was angeblich klare und feste Regeln sind. Auch hier wird uns gesagt, daß es nicht in erster Linie unsere Aufgabe ist, eigenständig zu denken, sondern uns einfach danach zu richten. Allerdings ist auch hier das, was uns erzählt wird, nicht der Weisheit letzter Schluß.

Wie der Rat und die Anleitung von anderen, sind Regeln – zumindest eine bestimmte Sorte – äußerst bedeutsam. Das Leben ist zu kompliziert, um alles vom Anfang an neu zu durchdenken. Wir müssen uns an Faustregeln orientieren: grobe und provisorische Richtlinien, die uns erlauben, die meiste Zeit gut zurechtzukommen: „Vorsicht ist besser als Nachsicht"; „Lieber spät als gar nicht"; „Wer gar zu viel bedenkt, wird wenig leisten."

Dennoch sind diese Regeln nur grobe Richtlinien; es gibt Ausnahmen. Manchmal ist spät schlimmer als gar nicht. Sicherheit kann zu einer solchen Obsession werden, daß wir zum Schluß vielleicht sicher sind *und* das Nachsehen haben. Wir sehen ein, daß diese Regeln nicht dazu gedacht sind, das Denken zu ersetzen, sondern um der Überlegung eine Richtlinie zu geben.

Darüber hinaus widersprechen sich diese Regeln oft. Wer gar zu viel bedenkt, wird wenig leisten, aber auf der anderen Seite: Vorsicht ist besser als Nachsicht. Vielleicht geht es uns besser, wenn wir uns vorsehen, statt das Nachsehen zu haben, aber andererseits: Wer nicht wagt, der nicht gewinnt. Die Moral der Geschichte ist, um es noch einmal zu sagen, daß Regeln nicht das Denken ersetzen können. Sie sind nützliche Hilfen, weiter nichts.

Auch die Ethik hat Regeln. Aber gerade in der Ethik scheinen wir sehr oft zu denken, daß die Regeln absolut sind. Wie bei der Berufung auf Autoritäten glauben wir bisweilen, daß wir, indem wir ethische Regeln befolgen, das eigene Nachdenken ersetzen können.

Zum Beispiel bestand der Philosoph Immanuel Kant darauf, daß das Lügen unter allen – absolut allen – Umständen falsch sei. Nach Kant müssen Sie selbst dann die Wahrheit sagen, wenn ein Mörder, der ein unschuldiges Opfer verfolgt, auf Sie zukommt und fragt, wo sein potentielles Opfer zu finden ist. Demnach ist Ehrlichkeit nicht nur der beste Grundsatz, er ist der einzige.

Probleme mit den Regeln

Wieder einmal sind die Dinge nicht so einfach. Zunächst einmal haben ethische Regeln, wie alle anderen Arten von Regeln, Ausnahmen. Sicherlich hatte Kant unrecht, als er sagte, daß wir niemals und in gar keinem Fall lügen sollten. Wir *sollten* lügen, um ein unschuldiges Opfer zu retten. Wir haben großen Respekt für Menschen, die während der 30er und 40er Jahren Juden halfen, sich vor den Nazis zu verstecken, und für Menschen, die während der Sklavenzeit in Amerika entflohenen Sklaven einen Schlupfwinkel boten, auch wenn diese Handlungen systematische Täuschungen nötig machten – nicht nur einfach eine kleine Lüge –, und dies manchmal über mehrere Jahre hinweg.

Ethische Regeln gleichen in Wirklichkeit mehr den nichtethischen Faustregeln wie „Vorsicht ist besser als Nachsicht". Ethische Regeln wie „Ehrlichkeit ist der beste Berater" sagen uns nicht für jeden Fall, was wir tun sollen.

Sie empfehlen gute Grundsätze – sie behaupten niemals, daß dies unsere Grundsätze sein müssen. („Sag niemals nie? Tja, fast nie ...") Ehrlichkeit ist eine gute Idee – unter normalen Umständen. Aber ein Mensch, der darauf besteht, diesen Grundsätzen unter jeder Bedingung zu folgen, gehört zweifellos der Sorte Mensch an, die Mark Twain als „gute Menschen im schlimmsten Sinne des Wortes" bezeichnet hat. Wir müssen immer noch selbst entscheiden.

Ein weiteres Problem mit ethischen Regeln ist, daß sie einander widersprechen – wiederum ganz wie nicht-ethische Regeln. Wir müssen uns trotzdem noch entscheiden, welcher Vorschrift wir folgen wollen. Jean Valjean, der Protagonist aus Victor Hugos *Les Misérables*, wurde zu zehn Jahren Zwangsarbeit verurteilt, weil er ein Brot gestohlen hatte, um seinem hungernden Kind zu essen zu geben. Sicherlich haben wir ein Gesetz, daß das Stehlen untersagt, es ist sogar eines der Zehn Gebote. „Nun, dann ist Stehlen immer falsch. Punkt und Schluß!" Aber das ist noch nicht der Schluß; für Valjean ist es erst der Anfang. Wir haben auch einen Grundsatz, der uns sagt, daß wir unsere Kinder schützen und ernähren müssen, und ihr Leben zu erhalten, ist sicherlich eine der grundlegenden Aufgaben, die wir haben. Diese zwei Regeln gerieten miteinander in Konflikt; Jean Valjean traf eine Wahl.

Ein drittes Problem betrifft diejenigen Regeln, die zumeist von den Problemen der Ausnahme und des Widerspruchs nicht betroffen sind. Sie sind deshalb nicht betroffen, weil diese Regeln einfach zu vage sind, um nützlich zu sein. Jean-Paul Sartre beschrieb den Fall eines jungen Mannes im besetzten Paris während des Zweiten Weltkrieges, der sich entscheiden mußte, entweder mit seiner hilfsbedürftigen Mutter in Paris zu bleiben oder aber nach England zu fliehen, um im Krieg mitzukämpfen. Diese Situation kommentierend, schreibt Sartre:

„Wer konnte ihm helfen zu wählen? [Die Lehren, die uns sagen:] Seid barmherzig, liebet euren Nächsten, opfert euch auf für den anderen, wählt den rauheren Weg usw. Aber welches ist der rauheste Weg? Wen soll man lieben wie seinen Bruder: den Kämpfer oder die Mutter? Welches ist die größere Nützlichkeit: jene unbestimmte, in einer Gesamtheit zu kämpfen, oder jene sichere, einem genau bestimmten Menschen leben zu helfen?"

Sartres Aussage ist, daß die tatsächlichen Entscheidungen, daß das wirkliche Leben zu spezifisch sind, um sie mit Regeln zu lösen. „Wenn die Werte unbestimmt sind und immer zu weitgespannt für den bestimmten und konkreten Fall, den wir eben betrachten, so bleibt uns nichts, als uns auf unseren Instinkt zu verlassen." Regeln können uns eine allgemeine Orientierung geben, aber wie man sie anwendet (und – noch einmal – welche Regel anzuwenden ist), bleibt uns überlassen. Wie gesagt: Am Ende müssen wir entscheiden. Nicht die Regeln, sondern wir.

Denken Sie an die Goldene Regel: „Was du nicht willst, das man dir tu, das füg auch keinem andern zu." Es ist sicherlich schwer, diese Regel als allgemeine Richtlinie zu kritisieren. Aber in gewisser Weise ist gerade dies das Problem. Wenn man sagt, „Was du nicht willst, das man dir tu, das füg auch keinem andern zu", dann heißt das eigentlich: Denk dran, daß im großen und ganzen die anderen genauso real, genauso bewußt, genauso wichtig sind wie du selbst: Vergiß das nicht. Gute Idee! Aber die Regel sagt nichts Konkretes darüber aus, was wir tun sollten. (Wenn ein Mörder Sie nach dem Weg fragt, sagen Sie die Wahrheit? Nun, wenn Sie der Mörder wären, würden Sie die Wahrheit wollen. Wenn Sie andererseits das potentielle Opfer wären ...) Um es noch einmal zu sagen: Auch mit solchen Regeln – auch mit goldenen – müssen Sie immer noch selbst denken.

Wir müssen wählen

Um es zusammenzufassen: Wir treffen unsere eigenen Entscheidungen, ob wir es zugeben oder nicht. Wir können nicht so tun, als ob wir einfach irgendwelchen Vorschriften (oder Autoritäten) folgten, die die Probleme lösten, und wir müßten nur Folge leisten. In Wirklichkeit haben die Regeln Ausnahmen: Sie entscheiden, wann und warum. Regeln, wie auch Autoritäten, widersprechen einander: Sie entscheiden, was Sie tun, welcher Regel Sie folgen wollen. Regeln sind vage: Sie entscheiden, wie sie anzuwenden sind. „Ehrlichkeit ist der beste Berater" – aber es ist dennoch unsere Entscheidung, wann (und bis zu welchem Grad!) wir ehrlich sein wollen. „Du sollst nicht töten" – aber wie viele von uns sind Pazifisten?

Dasselbe gilt sogar für Nonkonformisten. Wie man sagt, müssen sogar Nonkonformisten entscheiden, welcher Nonkonformität sie entsprechen wollen.

Es ist unabdingbar zu wählen. Das einzige, was wir erreichen, wenn wir unsere Verantwortung zur Wahl verleugnen, ist, es anderen leichter zu machen, uns zu manipulieren. Der Philosoph Bryan Norton erzählt, wie sein älterer Bruder über Jahre hinweg die Regeln manipulierte, um Bryan dazu zu bringen, den Abwasch zu machen. Wenn Bryan zuerst gegessen hatte, zitierte sein Bruder den Grundsatz „Wer das Geschirr schmutzig macht, muß es auch abwaschen." Wenn sein Bruder zuerst gegessen hatte, war die Regel: „Wer zuletzt ißt, muß abwaschen." Wenn Ihr Vertrauen gegenüber Regeln in diesem Sinne automatisch funktioniert wie das eines gutgläubigen Kindes, werden Sie vermutlich die Regeln eines anderen nicht anzweifeln, und Sie werden schließlich ausgenutzt werden – möglicherweise nicht so harmlos wie der arme Bryan. Lassen Sie es mich ein letztes Mal sagen: Denken Sie selbst!

3
Das beste Problem finden

Stellen Sie sich vor, daß nun eine ethische Frage auftaucht: ein persönliches Thema über das Lügen oder die Treue oder ein Thema, das die soziale Gerechtigkeit oder den Umweltschutz betrifft, oder irgend etwas dazwischen. Wenn ein solches Thema einmal aufgetaucht ist, sind wir natürlich begierig, es zu lösen. Das Leben stellt eine Frage: Natürlich wollen wir eine „Antwort", eine „Lösung".

Ein Problemlösungsexperte würde uns dazu anhalten, an genau diesem Punkt besondere Sorgfalt walten zu lassen. Dies ist der Schlüssel: Wenn wir die besten Lösungen für unsere ethischen Probleme finden wollen, müssen wir zuerst die besten *Probleme* finden. Das heißt, wir müssen uns die größtmögliche Bandbreite von Optionen vor Augen halten, und wir müssen zu den Wurzeln des Problems selbst vordringen, um uns zu fragen, ob es nicht einen anderen und besseren Weg gibt, sich dem Problem zu nähern – wenn wir uns ihm überhaupt nähern müssen. An dieser Stelle nämlich, bevor wir überhaupt offiziell nach Antworten suchen, liegt die größte Chance für eine kreative Herangehensweise an ethische Fragen.

Falsche Dilemmas

Der erste Schritt in Hinblick auf „bessere Probleme" ist, sich gegen ein Denken zu wehren, das eine ethische Fragestellung gleich zu einem *Dilemma* macht. Manchmal ist sie es vielleicht, aber seltener, als wir normalerweise annehmen.

Erinnern Sie sich an Kants hypothetisches Beispiel: Wenn ein Mörder an ihrer Tür klingelte, um zu fragen, wo sein potentielles Opfer sich versteckte, würden Sie lügen oder die Wahrheit sagen? Angenommen, die Wahl ist einfach, zu lügen oder nicht zu lügen. Wir werden nie dazu aufgefordert, nach anderen Möglichkeiten Ausschau zu halten. Aber nehmen wir an, daß wir trotzdem danach suchen. Es gibt eine wunderbare Geschichte über den heiligen Athanasius, der auf der Flucht vor Verfolgern, die ihn töten wollten, versuchte, auf einem Fluß rudernd, zu entkommen. „Wo ist Athanasius, der Verräter?" schrien sie. „Nicht weit weg" antwortete der Heilige und ruderte unbehelligt weiter.

Man könnte lange darüber streiten, ob Athanasius tatsächlich gelogen hat oder nicht. Auf jeden Fall hat er nicht direkt gelogen. Im strengen Sinne des Wortes sagte er die Wahrheit. Vielleicht wäre Kant damit trotzdem noch nicht einverstanden. Doch ich meine, daß Kant ein paar Dinge unberücksichtigt ließ. Direkte Lügen sind nicht die einzige Art und Weise zu lügen, und die ganze Wahrheit zu sagen, ist nicht die einzige Möglichkeit, die Wahrheit zu sagen. Athanasius scheint etwas einfallsreicher gewesen zu sein.

Sartres junger Mann

Eines der berühmtesten Beispiele der philosophischen Ethik ist ein Dilemma, daß der französische Philosoph Jean-Paul Sartre beschrieben hat und das im letzten Kapitel kurz erwähnt wurde. Ein junger Mann im besetzten Paris während des Zweiten Weltkrieges kam zu Sartre, um ihn nach Rat zu fragen.

„Sein Vater hatte kein gutes Verhältnis zu seiner Mutter und neigte überdies zur Kollaboration mit den Nazis, sein ältester Bruder war bei der Offensive von 1940 getötet worden; und jener junge Mann wünschte in seinem etwas unreifen, aber hochherzigen Gefühl, ihn zu rächen. Seine Mutter lebte allein mit ihm, sehr betrübt durch den halben Verrat seines Vaters und den Tod ihres ältesten Sohnes, und fand nur Trost an ihm. Dieser junge Mann hatte in dem gegebenen Augenblick die Wahl, entweder nach England zu gehen und sich in die Freien Französischen Streitkräfte einzureihen – das heißt, seine Mutter zu verlassen – oder bei seiner Mutter zu bleiben und ihr in ihrem Alltag zu helfen. Er war sich dessen bewußt, daß diese Frau nur für ihn lebte und daß sein Weggehen – und vielleicht sein Tod – sie in Verzweiflung stürzen würde. Er war sich auch der Tatsache bewußt, daß jede Handlung, die er mit Rücksicht auf seine Mutter unternahm, sicherlich sinnvoll wäre, da sie dadurch physisch und psychisch am Leben bleiben würde; jede Handlung dagegen, die er unternahm, um wegzureisen und zu kämpfen, war zweideutig: Sie konnte im Sande verlaufen und zu nichts dienen. (...) Er fand er sich also zwei ganz verschiedenen Handlungsmöglichkeiten gegenüber: einer konkreten, unmittelbaren, die aber nur einem Menschen diente; und einer, die auf ein unendlich weiteres Ganzes, eine nationale Gemeinschaft gerichtet war, die aber eben deswegen zweifelhaft und deren Ausgang unsicher war."

Was sollte der junge Mann tun? Stellen Sie sich vor, daß er zu Ihnen käme, um nach Rat zu fragen. Was würden Sie sagen?

Sartre antwortete dem jungen Mann nicht so, wie wir es vielleicht vermuten würden. Er sagte ihm nicht, was er tun sollte. Statt dessen wollte Sartre dem jungen Mann zu verstehen geben, daß es seine Wahl war – daß weder Sartre noch irgend jemand sonst noch irgendein moralisches Gesetz die Entscheidung für ihn treffen konnte – und daß er frei war, jede Entscheidung zu treffen. „... und ich hatte nur *eine* Antwort zu geben: Sie sind frei, wählen Sie, das heißt, erfinden Sie." Sartre begründet eine ganze ethische Doktrin auf einem solchen Anspruch: Er argumentiert, daß ethische Entscheidungen unsere Persönlichkeit formen – nicht umgekehrt. Unsere Entscheidungen haben keine Grundlage, denn in Wirklichkeit schaffen wir diese Grundlage erst, indem wir wählen.

Sartre verwendet diesen Fall also, um eine philosophische Aussage zu treffen. In der speziellen und unmittelbaren Situation läßt er den jungen Mann jedoch im Stich, und dies in einer bemerkenswerten und auffallenden Art und Weise, die wenige der vielen Kommentatoren dieser Geschichte bemerkt haben. Das ist das Problem: Sartre setzt voraus, daß dem jungen Mann nur zwei, scharf abgegrenzte und einander entgegengesetzte Optionen zur Wahl stehen. Er setzt voraus, daß der junge Mann tatsächlich vor einem Dilemma steht. Er fragt sich nicht, ob es andere oder bessere Möglichkeiten gibt. Aber: Vermutlich gibt es sie.

Warum könnte der junge Mann zum Beispiel nicht so lange bei seiner Mutter bleiben, bis er sie von ihrer (angeblichen) Abhängigkeit gelöst hätte, und dann nach England aufbrechen? Der Krieg würde noch eine Weile dauern, und er würde ihn wohl nicht verpassen. Oder warum könnte er nicht für den französischen Widerstand in Paris arbeiten – in der Sabotage oder Spionage? Eine gefährliche Arbeit, gewiß, aber das gleiche gilt sicherlich auch für das Überqueren besetzten Gebietes, um nach England zu eilen, dann umzukehren und an den Frontlinien zu kämpfen.

Und das ist sogar nur die oberflächlichste Ebene, auf der man an dem Problem arbeiten kann. Jede gute Beraterin würde sehr viel mehr Fragen stellen. Muß die Situation selbst als gegeben hingenommen werden? Ist der Vater ein völlig hoffnungsloser Fall? Könnte Sartre dem jungen Mann helfen, zu erkennen, was Sartre selbst den „etwas unreifen" Wunsch nach Rache nennt? Ist die Mutter wirklich so ergreifend hilflos, oder ist sie vielleicht auch in der Lage, ein bißchen Patriotismus oder Unabhängigkeit zu entwickeln? Hat der Sohn sie überhaupt gefragt, was sie will?

Sartre beschäftigt sich an keiner Stelle mit einer dieser Fragen. Sowohl er als auch der junge Mann zeigen sich allzu bereit anzunehmen, daß an der Situation, so wie sie ist, nicht zu rütteln ist. Es sieht wie ein echtes Dilemma aus, aber in Wirklichkeit ist es das nicht. Es ist nämlich ein falsches Dilemma.

Das Heinz-Dilemma

Lassen Sie uns ein anderes berühmtes Beispiel eines ethischen Dilemmas betrachten, diesmal aus der Forschung des Psychologen Lawrence Kohlberg über die moralische Entwicklung.

„Eine Frau, die unter Krebs litt, war dem Tod nahe. Ein Medikament könnte sie retten, eine Art von Radium, das der Apotheker in ebendieser Stadt entdeckt hatte. Der Apotheker verlangte 2000 Dollar dafür, zehn mal so viel, wie ihn die Herstellung kostete. Der Mann der kranken Frau, Heinz, ging zu allen Leuten, die er kannte, um Geld zu leihen, aber er brachte nur etwa die Hälfte des Geldes zusammen. Er erzählte dem Apotheker, daß seine Frau im Sterben lag, und bat ihn, es billiger zu verkaufen oder ihn später zahlen zu lassen. Aber der Apotheker sagte nein. Der Mann war kurz vor der Verzweiflung und brach in den Laden des Apothekers ein, um die Medizin für seine Frau zu stehlen. Hat er damit richtig gehandelt? Warum?"

Kohlberg benutzte dieses und ähnliche Dilemmas, um das moralische Denkvermögen von Kindern zu untersuchen. Er fand heraus, daß sich das moralische Urteil der Kinder in mehreren merklich verschiedenen Stadien entwickelte, und daß die Stadien in der Regel für die meisten Kinder die gleichen waren. Seine Theorie, die sich als ebenso faszinierend wie strittig erwies, brachte eine der größten Debatten und weitergehende Forschungsprojekte in der zeitgenössischen Psychologie und Ethik in Gang.

Aber das ist hier nicht unser Thema. Lassen Sie uns folgende Frage stellen: Ist dies ein echtes oder ein falsches Dilemma? Hat Heinz wirklich keine anderen Möglichkeiten, als das Medikament zu stehlen oder seiner Frau beim Sterben zuzusehen?

Ich stelle diese Frage in meinen Einführungsseminaren zur Ethik, nachdem die Studierenden sich ein bißchen in der Lösung von Problemen geübt haben. Können sie sich andere Möglichkeiten für Heinz ausdenken? In der Tat können sie das. Hier sind einige ihrer Ideen.

Zunächst einmal könnte Heinz dem Apotheker etwas anderes als Geld anbieten. Vielleicht hat er eine bestimmte Fertigkeit, die dem Apotheker nützlich sein könnte: Vielleicht ist er ein guter Anstreicher oder Klavierstimmer oder ein ausgebildeter Chemiker. Er könnte einen Tauschhandel anbieten, bei der er seine Fertigkeit gegen das Medikament eintauschen könnte.

Weiterhin wäre es vermutlich möglich, irgendeine Form öffentlicher oder karitativer Unterstützung zu erhalten. Fast jede Gesellschaft, in der es die moderne Medizin gibt, hat irgendeine Form gefunden, sie den Menschen anzubieten, die sie sich nicht selbst leisten können. Heinz könnte zumindest versuchen, Informationen darüber zu bekommen.

Oder nehmen wir an, Heinz riefe die Zeitung an. Kaum etwas ist so wirksam wie schlechte Publicity. Auf diesem Wege ließen sich auch Spendengelder für die kranke Frau sammeln. Tausend Dollar – mehr braucht sie nicht – ist in der heutigen Welt nicht viel Geld.

Und warum ist der Apotheker überhaupt so unflexibel? Möglicherweise braucht er das Geld, um sein Medikament auf den Markt zu bringen oder es weiterzuentwickeln. Aber in diesem Fall könnte Heinz argumentieren, daß eine spektakuläre Heilung die bestmögliche Werbung wäre. Vielleicht sollte seine Frau es umsonst bekommen. Oder Heinz könnte die Hälfte der nötigen Menge mit dem Geld kaufen, das er zusammengeliehen hat, und dann – falls es sich als wirksam erweist – um den Rest bitten, um die Demonstration zu vervollständigen.

Und weiter: es ist gar nicht klar, warum wir dem „Wundermittel" zunächst überhaupt trauen. Neue lebensrettende Medikamente haben ausführliche Untersuchungen und Testreihen zur Voraussetzung, die offensichtlich in diesem Fall noch nicht ausgeführt worden sind. Vielleicht ist das Medikament nicht wert, genommen zu werden, selbst wenn die kranke Frau es kostenlos bekommen könnte. Oder vielleicht sollte sie bezahlt werden, um an einer medizinischen Testreihe teilzunehmen!

Heinz hat also eine Reihe von Möglichkeiten. Es stehen mehr Optionen zur Wahl, als das Medikament zu stehlen oder seine Frau sterben zu lassen. Außerdem ist dies keine vollständige Liste. Ich freue mich immer wieder über die Fähigkeit der Studierenden, mit neuen Ideen aufzuwarten.

Ich will damit nicht sagen, daß mit dem Dilemma selbst, wie Kohlberg es aufstellt, keine ethischen Fragen aufgeworfen werden können. Dies ist sehr wohl möglich. Und natürlich kann es (dies merke ich für Philosophen an) – sofern mit der Verwendung dieses Dilemmas das Ziel verfolgt wird, die Kollision bestimmter ethischer Theorien zu verdeutlichen – mit einfachen Mittel so abgeändert werden, daß andere Möglichkeiten ausgeschlossen werden. Sicherlich sind einige Situationen wirkliche Dilemmas. Ich möchte jedoch deutlich machen, daß wir oft nur allzu bereit sind, angebliche ethische Dilemmas ohne weitere Fragen zu akzeptieren, als sei das Dilemma die einzige angemessene oder natürliche Form für ethische Probleme. Wir schließen die Möglichkeit eines kreativen Denkens aus, bevor wir überhaupt anfangen. Wir stellen enge und begrenzte Fragen, die uns – nicht überraschend – zu engen und begrenzten Antworten führen.

Wie man seine Möglichkeiten erweitert

Wenn man mit einem Problem konfrontiert ist, lautet die Frage also: Wie können wir unsere Möglichkeiten erweitern? Wie können wir auf neue Ideen kommen?

Eine Methode ist die Folgende, wahrscheinlich die offenkundigste, und aus diesem Grund die am häufigsten übersehene. *Hören Sie sich um.* Anderen zuzuhören, ist auf jeden Fall keine schlechte Idee, und hier ist sie von entscheidender Bedeutung. Man kann nie wissen, was andere Menschen vielleicht wissen.

Wahrscheinlich kennen Sie Bilder der riesigen, mysteriösen Steinmonolithen auf den Osterinseln: undeutlich menschenähnliche, aus Stein gehauene Statuen, von denen einige fast fünfzig Tonnen wiegen, die irgendwie aus dem Stein gehauen und dann von einer verstreut lebenden Ethnie ohne jegliche Maschinerie zusammengebracht worden sind. Wie war es ihnen möglich, solche Statuen zu schaffen? Einige populäre Autoren haben argumentiert, daß es ihnen schlicht unmöglich gewesen sein muß und daß die Stauen daher von außerirdischen Astronauten stammen müßten, die in frühester Zeit die Erde besucht hätten, um den Prozeß der Zivilisation in Gang zu bringen.

Eine vernünftigere Erklärung ist, daß es vermutlich eine Möglichkeit gibt, Steine zu heben, an die wir einfach nicht gedacht haben. Der Forscher Thor Heyerdahl lernte eine Methode kennen, indem er – Sie haben es erraten – Bewohner der Insel fragte. Er bot ihnen einfach an, 100 Dollar dafür zu bezahlen, daß sie einen der heruntergefallenen Steinbrocken hochhoben. Sie machten sich gleich an die Arbeit, indem sie den Stein mit langen Stäben hochhebelten und kleine Steine in die so entstandenen Zwischenräume zwängten. Dann fügten sie größere Steine hinzu, dann mehr kleine darauf, dann größere und so weiter. Schließlich hoben sie einen 13 Tonnen schweren Stein um mehr als dreieinhalb Meter und schoben ihn geschickt an seine Stelle. Sie wußten, wie es gemacht wurde – es stellte sich heraus, daß sie von Geburt an mit der Überlieferung vertraut gemacht worden waren (tatsächlich im wahrsten Sinne des Wortes von der Geburt an – zum Beispiel in Wiegenliedern). Vor Heyerdahl hatte sich jedoch niemand die Mühe gemacht, sie zu fragen. Ich nehme an, daß sich frühere Forscher und Wissenschaftler der Überlegenheit ihrer Zivilisation so sicher waren, daß sie sich nicht vorstellen konnten, daß Menschen eines autogenen Volkes mit ein paar Stöcken und Steinen eine Leistung zustandebringen könnten, die für die moderne Technik schwierig auszuführen gewesen wäre.

An dieser Stelle ist ein bißchen Psychologie nützlich. Unser Denken ist oft eingeschränkt durch Gewohnheiten und unbewußte Annahmen, die uns in der Vergangenheit gut gedient haben. Psychologen verwenden das Wort „set", um diese Gewohnheiten und Annahmen zu beschreiben (sie sind wie Beton: zuerst flüssig, aber sehr schnell setzen sie sich und werden hart [engl. „set", d. Übers.], und dann können wir uns nicht bewegen). Dieses „set" kann so mächtig sein, daß wir im wahrsten Sinne des Wortes keine anderen Möglichkeiten sehen können, selbst wenn sie direkt vor unserer Nase liegen.

Hier ist ein kleines Rätsel zur Illustration. Ein Arbeiter in einer großen Fabrik schiebt beim Verlassen der Arbeit jeden Abend eine Schubkarre voll Müll vor sich her. Diebstahl ist ein Problem in der Fabrik, so daß der Müll jeden Abend gründlich inspiziert wird. Niemals wird etwas gefunden. Dennoch gehen die Diebstähle weiter. Frage: Was stiehlt der Arbeiter?

Halten Sie inne und denken Sie einen Moment lang nach. Die Antwort ist: Schubkarren. Völlig offensichtlich, nicht wahr? Aber manchen gelingt es nie, daß Problem zu lösen. Normalerweise sind wir, wie die Wache, darauf fixiert, was *in* der Schubkarre ist, so daß wir die Schubkarre selbst einfach nicht wahrnehmen. Wir setzen voraus, daß das, was gestohlen wird, versteckt, in dem Müll vergraben sein muß, und so übersehen wir, was im hellen Tageslicht vor uns dahinrollt.

Das Prinzip des *Sets* zu verstehen, hilft uns, einige der eher ungewöhnlichen Methoden zu würdigen, wie wir unsere Möglichkeiten erweitern können. Dazu ist es gut, lockerzulassen, etwas Neues auszuprobieren – vielleicht sogar etwas, das seltsam, peinlich oder unwahrscheinlich erscheint. Es mag gezwungen erscheinen, aber darauf kommt es gerade an: Sie versuchen, sich zu zwingen, einen Weg jenseits Ihrer Gewohnheiten zu finden.

Zum Beispiel schlägt der Problemlösungsexperte Edward De Bono eine Methode vor, die er das „vermittelnde Unmögliche" („intermediate impossible") nennt. Wenn Sie ein Problem haben, fangen Sie damit an, sich vorzustellen, was die perfekte Lösung wäre. Höchstwahrscheinlich wird die perfekte Lösung unmöglich sein. Dann jedoch können sie sich langsam rückwärts zu den dazwischenliegenden Möglichkeiten bewegen, die möglich *sind*, bis Sie eine Möglichkeit finden, die realistisch erscheint. Kurz gesagt, machen Sie zuerst einen sehr großen, kühnen Schritt; sonst werden Sie vielleicht überhaupt nie einen großen Schritt tun.

„Brainstorming" ist eine weitere gute Methode. Dies ist ein Prozeß, in dem eine Gruppe von Menschen versucht, neue Ideen zu entwickeln. Die Grundregel ist: Stellen Sie die Kritik zurück. Es ist verlockend und sicher, auf jeden neuen Vorschlag mit Kritik zu reagieren. Im *Brainstorming* sollen wir gerade das Gegenteil tun: nachdenken, wie bestimmte neue Ideen funktionieren *könnten*, nicht, warum sie es wahrscheinlich nicht tun werden. Selbst eine unfertige und offensichtlich unrealistische Idee kann sich, an die anderen weitergereicht, zu etwas sehr viel Realistischerem entwickeln. In der Zwischenzeit kann sie vielleicht auch andere Ideen entzünden. Die Ideen werden vom einen zum anderen weitergereicht – lassen Sie es geschehen.

Eine weitere übliche Regel des *Brainstormings* ist, daß die Quantität wichtig ist. Manche Gruppen setzen Quoten für neue Ideen fest und erlauben keine Kritik, bis die Quote erreicht ist. Auch das hilft neuen Ideen, durchzusickern und gibt den beteiligten Menschen Raum, erfinderisch zu denken – unbeeinträchtigt durch die Furcht, kritisiert zu werden.

Wenn Sie immer noch nicht überzeugt sind, hat De Bono noch einen anderen, etwas verrückten Vorschlag. Nehmen

Sie ein Wörterbuch oder irgendein anderes Buch. Öffnen Sie es an irgendeiner Stelle und wählen Sie ein beliebiges Wort – jedes Wort ist geeignet. Dann schauen Sie, welche Assoziationen dieses Wort hervorruft. Der Effekt ist, daß Ihr Denken sofort eine neue Stimulation hat. Sie bewegen sich nicht länger in den gleichen alten Zirkeln. De Bono nennt diese Methode „freie Assoziation" („random association").

Dies mag albern erscheinen. Es mag aber vielleicht gerade der Stimulus sein, den wir brauchen, um unser *set* zu durchbrechen. Sie werden immer noch an den Ideen arbeiten müssen, nachdem Sie sie einmal gefunden haben, aber die freie Assoziation ist eine wunderbare Methode, um sie hervorzubringen.

Sie können dies auch üben. Vielleicht sind Sie schon einmal in irgendeinem Spiel oder in einem Quizbuch gefragt worden, wieviele neue Nutzungsmöglichkeiten Ihnen für irgendeinen alltäglichen Gebrauchsgegenstand wie einen Backstein einfallen. Ich tue dies auch mit meinen Studierenden: Es dient dazu, für ethische Probleme wie das berühmte – aber falsche – Dilemma, das zu Anfang dieses Kapitels behandelt wurde, in Form zu kommen. Was können Sie also mit einem Backstein machen, abgesehen davon, ein Haus zu bauen? Offensichtlich kann er ein Briefbeschwerer oder ein Türstopper sein. Aus Backsteinen und Holz können Sie Regale bauen. Gut, aber können Sie noch kreativer sein? J. L. Adams, der dieses Beispiel in seinem Buch *Conceptual Blockbusting* verwendet, schlägt eine neue Richtung vor: das „Backsteinstoßen" in Analogie zum Kugelstoßen. Oder nehmen Sie an, daß Sie Ihren Backstein auf dem Freiumschlag einer Werbesendung befestigen und ihn in den nächsten Briefkasten werfen – eine gute Möglichkeit, gegen Werbesendungen zu protestieren. Nehmen Sie an, Sie lassen den Backstein in Ihrem Garten liegen, bis Sie angeln gehen wollen, und heben ihn dann hoch, um die Würmer darunter aufzusammeln. (Diesen letzten Vorschlag führe ich mit freundlicher Genehmigung eines meiner Studenten an. Er nannte ihn: „Backstein als Wurmgenerator".) Es gibt neuartige Funktionen ohne Ende!

Und das ist die Moral der Geschichte. Wenn Sie mit zwei oder drei schlechten Alternativen konfrontiert sind und mit der Aufforderung, eine Wahl zu treffen, fangen Sie mit *Brainstorming* an. Üben Sie freie Assoziation. Hören Sie sich um. Lassen Sie sich nicht erzählen, daß Sie keine anderen Optionen haben. Vielleicht haben Sie keine, vielleicht haben Sie welche, aber das werden Sie nicht herausfinden, solange Sie nicht anfangen, danach zu suchen.

Wie man Probleme umgestaltet
(*„reframing"*)

Bisher habe ich deutlich gemacht, daß unsere angeblichen ethischen Dilemmas (und begrenzte Wahlmöglichkeiten im allgemeinen) durch die Schaffung neuer Optionen erweitert werden können. Aber in vielen Fällen ist auch eine radikalere Herangehensweise möglich.

Es gibt eine bestimmte Art von *set*, die ich das „Einfrieren eines Problems" nenne. Wir frieren ein Problem ein, wenn wir so tun, als ob alles, was wir tun können, darin besteht, das Problem zu handhaben, uns damit abzufinden und zu reagieren, wenn es aufgetreten ist. Doch nehmen Sie an, daß das Problem selbst verändert, verkleinert oder sogar beseitigt werden kann. Die Schlüsselfrage könnte sein: Warum können wir nicht versuchen zu verhindern, daß das Problem überhaupt auftritt? Was ist mit einem Präventivdenken, so daß es am Ende überhaupt kein Problem gibt?

Betrachten wir zuerst ein Beispiel, daß nichts mit ethischen Themen zu tun hat. Freunde von mir liebten es, ihren offenen Kamin anzuheizen. Aber sie wohnten in einem Haus, in dem sie das Holz fast durch das gesamte Haus schleppen mußten, um es zum Kamin zu bekommen. Das Ergebnis war, daß sie selten Feuer machten, und wenn sie es taten, machten sie dabei immer eine Menge Dreck. Über Jahre hinweg versuchten sie nur, das Holz vorsichtiger zu tragen. Später schleppten sie das Holz in einer Kiste. Aber auch das war unangenehm. Die Flure waren immer noch klein, die Kiste groß.

Was würden Sie vorschlagen? Ohne Zweifel gibt es kreativere Möglichkeiten: das Holz in wirklich kleine Stücke zu schlagen etwa oder die schmutzfreien falschen Holzstämme zu kaufen, die in Eisenwarengeschäften angeboten werden, oder einen netten schmutzfarbenen Teppich zu kaufen, so daß der Dreck weniger sichtbar wäre. Doch Sie stellen fest, daß alle diese Ideen das Problem so belassen, wie es ist. Sie frieren das Problem ein, statt es zu ändern. Fragen wir statt dessen: Gibt es einen Weg zu verhindern, daß das Problem überhaupt erst auftaucht?

Und dies ist, was ein frühreifer Cousin schließlich vorschlug: direkt neben dem Kamin ein Loch in die Wand zu hauen, eine kleine Tür einzufügen und eine Holzkiste hineinzustellen. Voilà – Schluß mit dem Problem!

Meine Freunde verpaßten eine offensichtliche und einfache Alternative, weil sie ausschließlich damit beschäftigt waren, bessere Möglichkeiten für das Holzschleppen zu entwerfen. Sie erreichten eine große Fertigkeit darin, sich mit einem schlecht entworfenen Haus zu arrangieren, während sie tatsächlich etwas am Haus hätten verändern müssen.

So seltsam es klingen mag: Probleme zu lösen, ist nicht die einzige Art, mit ihnen umzugehen. Manchmal ist es nicht einmal die beste Art. Beachten Sie, daß meine Freunde das Problem, wie man das Holz durch das Haus schleppen könnte, ohne Dreck zu machen, eigentlich nicht lösten. Sie beseitigten das Problem ganz einfach. Nun tragen sie überhaupt kein Holz mehr durch das Haus. Es gibt kein Problem mehr, das gelöst werden müßte.

Präventive Ethik

Sind wir mit einem ethischen Problem oder Dilemma konfrontiert, ist die Frage, die wir stellen müssen, also: Kann das Problem selbst verändert, verkleinert oder sogar eliminiert werden? Wir müssen das Gesamtbild und die Gründe für das Problem betrachten, und uns fragen, was wir in bezug auf *diese* unternehmen können.

Kohlberg läßt uns darüber nachgrübeln, ob Heinz ein Medikament stehlen darf, das nötig ist, um seine Frau vor dem Tode zu retten. Aber es gibt eine Reihe von sondierenden Hintergrundfragen, die er nicht stellt. Warum hat die kranke Frau zum Beispiel keine Versicherung? Warum kann ihr keine öffentliche Unterstützung helfen? Wenn entweder eine Versicherung oder eine öffentliche Unterstützung echte Möglichkeiten wären, würde Heinz' Dilemma gar nicht erst auftauchen.

Wir haben gelernt zu fragen, was getan werden sollte, wenn die Familie eines Menschen, der im Dauerkoma liegt und nur noch dahinvegitiert, seinen Beatmungsapparat abgeschaltet haben möchte. Lassen Sie uns nun lernen, die Hintergrundfragen zu stellen – zum Beispiel, warum niemand seinen Wunsch in dieser Sache kennt, oder warum die

Krankenhausanwälte das letzte Wort haben, oder warum er im Krankenhaus ist (statt z.B. in einem Hospiz oder zu Hause, wo die Familie das letzte Wort hat), um nur einige zu nennen. Warum stellt man nicht sehr viel klarere „Lebens-Testamente" auf, also die Erklärung eines Menschen darüber, was getan werden soll, falls er in ein Koma fallen sollte, die er bei klarem Verstand abgibt. Warum sollte man die Betreuung Sterbender nicht ganz aus den Krankenhäusern herausverlagern?

Führungskräfte und Manager machen sich Gedanken, ob Informanten, die Mißstände aufdecken, unloyal oder destruktiv sind, während Konsumentenvertreter darüber nachdenken, wie sie unterstützt und geschützt werden können. Aber was ist mit den präventiven Fragen? Wie könnte die Notwendigkeit für ein solches „Verpfeifen" von vornherein verhindert werden? Einige Reformer sprechen sich für sehr viel effektivere Wege aus, Kommunikationswege und Klagen innerhalb der Betriebe und der Bürokratie zu sichern, um damit die Notwendigkeit zu reduzieren oder zu beseitigen, mit destruktiven und strittigen Anklagen an die Öffentlichkeit zu gehen, und damit die eigene Karriere und eventuell nebenbei auch die anderer zu ruinieren. Andere haben eine effektivere öffentliche Partizipation in großen Betrieben vorgeschlagen, so daß die Mißstände selbst seltener vorkommen. In dieser Richtung sind einige Experimente unternommen worden. Wir müssen aufmerksamer sein. Die Möglichkeit solcher Reformen ist in jeder Hinsicht eine ebenso gute Antwort auf das Problem wie das übliche Händeringen über die miteinander in Konflikt geratenden Werte von Loyalität und Ehrlichkeit. Warum werden solche Konflikte überhaupt so drängend?

Wir machen uns über das „Drogenproblem" Sorgen. Aber alles, was wir in der Regel sehen, ist die „Kriminalität" – der

Dealer und Drogenbenutzer – und alles, was wir zumeist in Betracht ziehen, ist Bestrafung: Gefängnis, festgelegte Strafsätze, mehr Polizei. Tatsächlich wird eine ganze Reihe von konstruktiven Möglichkeiten ignoriert. Hier gibt es wirklich fundamentale Fragen. Zum Beispiel: Warum fühlen Menschen sich überhaupt zu Drogen hingezogen, und warum ist es so schwierig, später davon loszukommen? Ein Teil der Anziehungskraft von Drogen besteht sicherlich zumindest am Anfang darin, daß sie inmitten eines ansonsten unspektakulären Lebens eine Anregung bieten. Dann ist die grundsätzliche Frage: Gibt es weniger gefährliche Wege, das Leben interessanter zu gestalten? Ja, selbstverständlich. Und welche sind das?

Dies ist nun eine schöne Frage! Was können wir tun, um das Leben so interessant zu gestalten, daß keiner mehr verlockt ist, ihm durch Drogen zu entkommen? Wahrlich ein besseres Problem: nicht mehr auf Bestrafung orientiert, hält es Möglichkeiten für ein weitreichendes Engagement und interessante Perspektiven für uns alle bereit.

Natürlich ist ein Umgestalten („reframing") der Probleme nicht immer möglich. Manchmal ist dafür keine Zeit. Heinz, zum Beispiel, hat vielleicht sehr wenige Optionen übrig. Ein Mensch an einem Beatmungsgerät im Krankenhaus befindet sich bereits in einem sehr engen Rahmen („framed"). Es mag ethische Fragen geben, die nicht sinnvoll umgestaltet werden können, selbst wenn genug Zeit vorhanden ist. Die hier nahegelegten Strategien werden nicht immer glückliche Lösungen erbringen. Doch der Punkt ist, daß wir dazu neigen, sogar die *Möglichkeit* des Umgestaltens unserer Probleme zu übersehen. Wir dürfen nicht einfach annehmen, daß dies unmöglich ist und uns selbst dazu verurteilen, unsere Dilemmas einfach nur zu ertragen.

Die Abtreibungsdebatte

Bis jetzt habe ich sehr wenig über die Abtreibungsdebatte gesagt – zum Teil auch deshalb, weil es eine der erbittertsten und scheinbar hoffnungslosen Debatten ist, die wir zur Zeit in den USA haben. Sicherlich ist sie ein „eingefrorenes" Problem, wenn dies überhaupt für irgendein Problem zutrifft. Viele Menschen sind auch in ihren Standpunkten eingefroren. Fast niemand fragt, ob es Wege gibt, die Dinge an sich zu verändern, so daß das Abtreibungsproblem in seiner gegenwärtigen Form erst gar nicht entstehen oder in einer leichter zu handhabenden und weniger konfliktträchtigen Form auftreten würde. Wir finden uns ganz und gar damit ab. Ist auch mit einem solchen Problem ein Umgestalten möglich?

Lassen Sie uns die gerade erläuterten Präventivfragen stellen. Die Frage der Abtreibung tritt in Fällen unbeabsichtigter und unerwünschter Schwangerschaft auf. Schon hier können wir eine etwas andere Frage stellen, als jene, die üblicherweise zur Sprache kommen. Unsere Frage ist: Wie können wir den Bedarf an Abtreibungen selbst so weit wie möglich einschränken? Gibt es eine realistische Möglichkeit, die Zahl unerwünschter Schwangerschaften zu reduzieren und/oder die aufgetretenen unbeabsichtigten Schwangerschaften nicht auch unerwünscht sein zu lassen?

Neuere Zahlen zeigen, daß die Hälfte aller Frauen, die abtreiben wollen, nicht verhütet haben. Warum? Das müssen wir herausfinden. Fehlender Zugang zu Verhütungsmitteln? Fehlende Unterstützung? Fehlende Aufklärung? Diese Dinge können verändert werden, und sie zu verändern, wird vielleicht nicht einmal so umstritten sein. Selbst die katholische Kirche unterstützt einige Formen der Empfängnisverhütung.

Und was ist mit der anderen Hälfte, den Frauen, die ein Verhütungsmittel verwendet haben und trotzdem schwanger geworden sind? Wieder müssen wir herausfinden, wo der Grund liegt. Schlechte oder schwierig anzuwendende Methoden? Widerstand des Mannes? Auch diese Dinge können geändert werden. Mit einem Bruchteil der Energie, die aktuell in die Abtreibungsdebatte investiert wird, *könnten* sie verändert werden.

Wenn wir den Bedarf an Abtreibungen reduzieren wollen, müssen wir auch nachvollziehen, warum die Schwangerschaft, oder die Schwangerschaft zur falschen Zeit, für so viele Frauen eine untragbare Last ist. Eine andere Statistik wirft Licht darauf: Mehr als 80 Prozent der amerikanischen Frauen, die abtreiben wollen, sind unverheiratet, und die meisten arbeiten entweder oder gehen zur Schule oder tun beides. Hier liegt ein Teil der Antwort: Sie können sich ein Kind oder ein weiteres Kind nicht *leisten*. Nicht in einer Gesellschaft, in der die meisten Frauen immer noch sehr viel weniger als Männer mit einer vergleichbaren Ausbildung verdienen, in der der größte Teil der Arbeit, ein Kind aufzuziehen, immer noch der Mutter überlassen ist, in der Mutterschutz und Erziehungsurlaub immer noch nur mit Mühe – wenn überhaupt – zu bekommen ist und in der eine bezahlbare und verläßliche Kinderbetreuung immer noch schwer zu finden ist. Das sind die Realitäten, die hinter den Abtreibungszahlen stehen.

Und auch dies sind Dinge, die verändert werden können. Wirtschaftliche Gerechtigkeit für Frauen ist ein Ziel für unsere ganze Gesellschaft – oder sollte es sein. Eine Arbeitsteilung bei der Kindererziehung kann nur befürwortet werden. Bezahlter Mutterschutz ist in Europa die Norm, Erziehungsurlaub möglich. Diese Dinge lassen sich auch in den USA erreichen; was wir brauchen, ist ein Teil der Energie, die derzeit in endlosen Diskussionen in Abtreibungskliniken vergeudet wird. Wir könnten uns sogar für einige wiederaufbauende Maßnahmen einsetzen – kommunale Hilfe für eine bezahlbare Kinderbetreuung zum Beispiel – als eine Möglichkeit, die Festgefahrenheit der Situation aufzulösen.

Dieser Versuch hat tatsächlich auch schon angefangen. 1985 organisierte ein Abgeordneter aus Wisconsin, der der endlosen festgefahrenen Debatte müde war, ein Komitee aus Juristen und Aktivisten der entgegengesetzten Seiten – mit dem Ziel, soweit wie möglich zu kooperieren, gemeinsame Ziele herauszufiltern und einen Gesetzesentwurf einzubringen, um diese gemeinsamen Ziele in die Tat umzusetzen. Ein schockierender Gedanke! Doch noch schockierender ist, daß sie Erfolg hatten. Der dabei entstandene Entwurf passierte die Legislative – ohne Auseinandersetzung. Neben anderen Dingen stellt er Geld für sexuelle Aufklärung und Schwangerschaftsberatung bereit, mit der Hoffnung, die Zahl der ungewollten Schwangerschaften zu verringern, sowie für ein staatliches Adoptionszentrum und eine Adoptions-Hotline, um eine Adoption zu einer realistischeren Alternative zu machen. Beide Seiten erreichten viel von dem, was sie wollten, und nebenbei erkannten beide an, daß vieles von dem, was die andere Seite wollte, gar keine so schlechte Idee war.

Eine konstruktive Veränderung ist möglich. Wir müssen nur die richtigen Fragen stellen. Vielleicht ist die richtige Zeit dafür gerade jetzt.

Natürlich bleibt die alte Frage auch weiterhin bestehen. Wir können – und mitunter müssen wir auch – darüber diskutieren, ob die Abtreibung selbst (oder die Sterbehilfe, das „Verpfeifen" von Mißständen etc.) richtig oder falsch ist. Doch es kommt mir darauf an, deutlich zu machen, daß dies nicht die einzigen Fragen sind, die man stellen kann. Und oft sind sie auch nicht die besten Fragen. Ethik darf nicht darin bestehen, auf aufgeworfene Probleme nur zu reagieren. Es gibt keinen Grund, uns mit den Problemen, so wie sie sind, abzufinden. Wählen Sie nicht das geringere von zwei Übeln. Versuchen Sie, *gar kein* Übel zu wählen, versuchen Sie, wenn es möglich ist, das Problem zu verändern.

4
Wenn Werte sich widersprechen

Die meisten ethischen Fragen tauchen auf, weil bestimmte Werte sich widersprechen. Nicht selten stehen unsere eigenen Werte im Widerspruch zueinander oder zu den Werten anderer Menschen, mit denen wir zu irgendeiner Übereinkunft kommen müssen. Manchmal sind dies die gleichen Konflikte: unsere miteinander streitenden inneren Stimmen können sich sehr ähnlich anhören wie miteinander streitende äußere Stimmen.

Von einem praktischen Standpunkt aus gesehen, ist die Lösung solcher Konflikte eine der Schlüsselaufgaben der Ethik. Das ist nicht leicht. Es gibt keine Garantie, daß die uns geläufigen Wege, mit Konflikten umzugehen, ein konstruktives Ergebnis erbringen werden. Vielleicht bewirken sie sogar genau das Gegenteil. Es gibt hier viel Raum für Verbesserungen. Auch hier kann die Ethik helfen.

Polarisierung der Werte

Bei vielen bedeutenderen ethischen Auseinandersetzungen nimmt man für gewöhnlich an, daß es zwei klar unterscheidbare und entgegengesetzte Standpunkte gibt. Das offensichtlichste und schmerzhafteste Beispiel ist die Abtreibungsdebatte. Die Positionen „für das ungeborene Leben" oder „für das Selbstbestimmungsrecht der Frau" werden einander gegenübergestellt, und eine andere Möglichkeit wird überhaupt nicht in Betracht gezogen. Keine Ambiguität, keine Grauzone, kein Mittelweg. Die Werte sind *polarisiert*.

Die Polarisierung hat zwei Aspekte. Erstens ziehen wir zwei und *nur* zwei Werte in Betracht, und diese sind fast immer, wie in der Abtreibungsdebatte, ziemlich extrem. Die Werte werden vereinfacht und reduziert. In Debatten über den Umweltschutz, um ein weiteres Beispiel zu nennen, muß sich jede Art umweltbewußten Denkens immer wieder den Vorwurf anhören, „misanthropisch" (das heißt gegen menschliche Werte, Ziele und Wünsche eingestellt) zu sein, während Umweltschützer im Gegenzug ihre Gegner oft als kurzsichtige, engstirnige Vandalen porträtieren. Entsprechend behandeln die Medien Umweltschutzthemen oft in der Weise, daß die Wahl „Umwelt oder Arbeitsplätze" zu sein scheint, oder, wie im Fall eines berühmten Coverbildes des *Time*magazins „Eule oder Mensch" („Owl versus man") – über den Interessenkonflikt zwischen der Holznutzung und dem Schutz der vom Aussterben bedrohten Eulen im amerikanischen Nordwesten.

Außerdem neigen wir dazu anzunehmen, daß eine Seite – unsere natürlich! – vollkommen im Recht und die andere vollkommen im Unrecht ist. Das ist der zweite Aspekt der Polarisierung. Die Polarisierungen, die wir vornehmen, sind nicht neutral. Wir polarisieren die Werte ja gerade aus dem Grund: damit wir uns selbst als vollkommen im Recht und die „andere Seite" als vollkommen im Unrecht darstellen können. Alles Gute auf der einen Seite, alles Böse auf der anderen. Tag und Nacht, Schwarz und Weiß, wir und sie. Wir repräsentieren das Gute und das Licht; die andere Seite, wer auch immer es ist, repräsentiert die Dunkelheit und das unergründliche Böse. Die Polarisierung der Werte macht die Dinge daher kristallklar, schützt uns vor Zweifel und gibt uns eine vollständige Rechtfertigung. Die Kampflinie wird klar. Es gibt offensichtliche und unverbesserliche Feinde. Unsere Wahl wird einfach. Schauen Sie sich bei uns in den USA die Aufkleber an den Autos an, wenn Sie das nächste Mal fahren. „Pro-choice is pro-death" („Abtreibung ist Mord") verkündet einer aus meiner Nachbarschaft. Die Antwort – zwei Straßen entfernt – ist „‚Pro-life' isn't" („‚Für das Leben' ist eine Lüge"). Abtreibungsgegner verurteilen die andere Seite routinemäßig als egoistische Babymörder. Abtreibungsbefürworter kontern damit, daß sie die andere Seite als Unterdrücker, Frauenhasser und bibelhörige Fanatiker zeichnen. Extremisten der einen Seite waren zu sehen, wie sie abgetriebenen Föten applaudierten, während die der anderen Seite sich kaum in der Lage zeigten, ein angemessenes Bedauern über die Morde an Ärzten in Frauenzentren auszudrücken.

Schauen Sie sich das „Etikettieren" an, daß überall um uns herum stattfindet. Die Bürgerrechtsbewegung, die Frauenbewegung und tatsächlich fast jede progressive soziale Bewegung seit den 30er Jahren wurde mit dem Etikett „Kommunisten" abgefertigt, in der Regel mit wenig oder gar keinem Verständnis des Kommunismus selbst. (Heute ist es oft ein Witz, jemanden als Kommunisten zu bezeichnen, aber für eine lange Zeit war es todernst.) Liberale können dies zurückzahlen, indem sie die Vertreter konservativer sozialer Bewegungen als „Nazis" oder „Faschisten" bezeichnen. Keines dieser Wörter bedeutet tatsächlich etwas in diesen Diskussionen. Ihre Funktion ist allein, die Bilder von Dunkelheit und Bösem zu beschwören, die uns davon abhalten, sorgfältiger nachzudenken.

In der Zwischenzeit scheint jede politische Kampagne so entworfen zu sein, daß sie uns polarisiert. Jede Seite baut ihren eigenen Wahnsinn auf, indem sie die Ansichten der anderen Seite radikal vereinfacht, wenn nicht völlig mißinterpretiert, und dann attackiert und verurteilt. Besuchen Sie irgendeine Wahlkampfveranstaltung, und Sie werden nicht verstehen, wie irgendeiner mit gutem Gewissen die andere Seite wählen kann. Dennoch gibt es – seltsamerweise – Menschen, die das tun.

Können beide Seiten recht haben?

„Aber besteht die Welt nicht wirklich aus Gegensätzen?", mag jemand fragen. „Sind die Dinge nun mal nicht einfach so?"

Ist es so? Wir stellen uns die Welt manchmal so vor, als ob sie aus Gegensätzen bestände, wie Tag und Nacht, hart und weich, heiß und kalt. Aber das sind nur unsere Vorstellungen, nicht die Welt. Heiß und kalt? Keine spezifische Temperatur hat einen Gegensatz: Es gibt nur andere Temperaturen. Sie und ich? Wir sind verschieden, aber keine Gegensätze. Aus der Sicht einer Amöbe oder eines Marsmenschen sind wir uns sehr viel eher ähnlich als verschieden – und außerdem gibt es auch andere Menschen. Tag und Nacht, Hell und Dunkel? Maler unterscheiden Hunderte verschiedener Qualitäten von Licht, die Einteilung „Tag" und „Nacht" ist für sie viel zu grob. Zyklen von Hell und Dunkel, jeweils von verschiedener Qualität (sonnige Tage, Regentage, mondhelle Nächte, Gewitter) folgen einander wie die Jahreszeiten, ohne klare Trennungslinien. Wann beginnt der Tag? Lange bevor die Sonne aufgeht, ist der Himmel hell. Außerdem besteht die reale Welt aus *Farben*, nicht nur aus Schwarz und Weiß oder aus Grautönen.

Entsprechend ist die Wahrheit in fast allen ernsten ethischen Auseinandersetzungen, daß beide Seiten in gewisser Weise recht haben. Oder vielmehr haben, da es normalerweise mehr als zwei Seiten gibt, alle Seiten in gewisser Weise recht. Alle Seiten bringen etwas ein, worüber nachzudenken lohnt.

Überlegen Sie, wie anders die Abtreibungsdebatte zum Beispiel aussieht, wenn wir nicht fragen, welche Seite (allein) im Recht ist, sondern *in bezug worauf jede* Seite im Recht ist. Nehmen Sie an, daß wir schließlich anerkennen, daß *beide* der grundsätzlich widerstreitenden Werte – das ungeborene Leben und die Selbstbestimmung der Frau – ins Gewicht fallen, und zwar bedeutsam ins Gewicht fallen.

Ungeborenes Leben hat zunächst einmal einen Stellenwert, auch wenn der Fötus kein voll ausgebildeter Mensch ist. Wir stellen dies jedesmal fest, wenn wir eine Fehlgeburt betrauern. Wir fangen an, die Lebensmöglichkeiten von nichtmenschlichen Wesen ernst zu nehmen. Sicherlich sollten wir uns zumindest ein bißchen um das Leben der Föten sorgen. Es gibt noch einen Aufkleber – es wäre ein sehr viel besserer als die üblichen –, der fragt: Warum bremsen wir für Tiere und retten die Wale, haben aber kein Problem mit der Abtreibung? Es gibt Antworten darauf, aber es ist eine gute Frage.

Auf der anderen Seite bewerten wir auch die Selbstbestimmung sehr hoch. Das Recht, zu entscheiden, was in und mit unseren Körpern geschieht, ist einer der grundsätzlichsten Werte. Selbst einige Abtreibungsgegner geben dies in gewisser Weise zu, und aus diesem Grund werden Schwangerschaften, die durch Vergewaltigung entstanden sind, oft als Ausnahmen zu ansonsten strikten Abtreibungsgesetzen betrachtet. Föten sind nicht anders, ob sie durch Vergewaltigung entstanden sind oder nicht, dennoch erkennen wir fast alle an, daß etwas anderes auch wichtig ist – und daß es wichtiger sein könnte als das Recht des Fötus zu leben.

Wenn wir nicht gerade mitten in der Abtreibungsdebatte stecken, ist der Wert der Selbstbestimmung tatsächlich unumstößlich. Wenn es um unsere Freiheit geht, sind wir fanatisch. Viele Deutsche wehren sich dagegen, ihre „freie Fahrt" durch ein die Umwelt berücksichtigendes Tempolimit einzuschränken. Viele Amerikaner wehren sich noch immer gegen die unbedeutende Unbequemlichkeit, Sicherheitsgurte beim Autofahren anzulegen. Und immerhin ist ein Sicherheitsgurt nicht mit einer Schwangerschaft zu vergleichen.

Es zeigt, wie polarisiert die Abtreibungsdebatte inzwischen ist, daß sogar diese sehr einfachen Feststellungen der anderen Seite oft verdächtig erscheinen. Wir haben Schwierigkeiten anzuerkennen, daß die andere Seite *überhaupt* richtige Argumente haben kann, daß das ungeborene Leben oder die Selbstbestimmung der Frau überhaupt ins Gewicht fallen. Aber sie tun es – beide. Die Auseinandersetzung entsteht überhaupt erst, weil beide Seiten – in diesem Sinne – im Recht sind.

Es ist also ein Fehler, darauf zu bestehen, daß eine Seite recht hat, und die andere einfach nur unrecht. Außerdem ist es ein Fehler, darauf zu bestehen, daß es nur zwei Seiten gibt, daß es von Anfang an nur zwei relevante Werte zu berücksichtigen gilt. In Wirklichkeit gibt es in der Regel mehr als zwei Werte, die außer den beiden offen ins Spiel gebrachten zu berücksichtigen sind.

Stellen Sie sich zum Beispiel einen Fötus vor, der, falls er bis zum Ende ausgetragen wird, mit schweren Behinderungen oder mit schwersten körperlichen Defekten auf die Welt kommen würde. Das bringt Fragen zur Sprache, die sowohl von den Rechten der Frau als auch von den Rechten des Fötus verschieden sind: Es bringt Fragen der Lebensqualität zur Sprache. Amerikanische Umfragen zeigen durchweg, daß die Aussicht auf eine solche herabgesetzte Lebensqualität von den meisten Menschen als genügender Grund für eine Abtreibung angesehen wird, selbst von vielen, die ansonsten gegen die Abtreibung eingestellt sind. Aber es ist nicht wirklich konsequent, besonders im Zusammenhang mit Argumenten, die das „Recht auf Leben" betonen, denn die Qualität des Lebens sollte keinen Unterschied in bezug auf das Recht darauf machen. Einige Menschen sind gegen alle Arten von Abtreibung, sogar in Fällen von Vergewaltigung oder Inzest, sogar wenn das Kind, das dabei entsteht, nur ein kurzes und ausweglos schmerzhaftes Leben erdulden müssen wird. Gerade eine so extreme Sichtweise macht das Problem deutlich. Realistisch betrachtet, gilt es andere Werte zu berücksichtigen, und die meisten von uns wissen das.

Richtig gegen Richtig

Um ein weiteres Beispiel zu betrachten, denken Sie noch einmal an die Alternative „Eule oder Mensch". Lassen Sie uns auch hier nicht fragen, welche Seite recht hat, sondern vielmehr *in bezug worauf jede* Seite recht hat. Wenn wir die Sache einmal ruhig und bedächtig betrachten, sollte es nicht überraschen, daß beide Seiten sich für etwas wichtiges aussprechen.

Der Schutz bedrohter Arten und ihrer ursprünglichen Waldheimat ist um ihrer selbst willen wichtig: Wir respektieren ihr historisches Alter. Ihre Schönheit ist wichtig. Ihr möglicher Beitrag zur Gesundheit der Umwelt (einen Beitrag, den wir immer noch kaum verstehen) ist wichtig, nicht zuletzt, weil unser eigenes Schicksal davon abhängt. Vielleicht haben wir sogar das vage Gefühl, daß unsere eigene Chance, ein reiches und lohnendes Leben zu führen, von der reichen Vielfältigkeit der Natur abhängt.

Auf der anderen Seite sorgen wir uns um die Arbeitsplätze und die Gemeinden, die auf die Holzindustrie angewiesen sind. Uns ist die Lebensqualität wichtig, die die Holzprodukte ermöglichen. Uns ist die Gesundheit der regionalen und globalen Wirtschaft wichtig, sowie die Lebensqualität, die davon abhängt. Wir wollen keine Welt, in der unter keinen Umständen ein Baum gefällt werden darf.

Alle diese Dinge sind uns bekannt. Wir können sie schließlich auch alle anerkennen, sobald uns einmal klar geworden ist, daß es nicht darum geht, daß eine Seite vollkommen recht hat und die andere völlig im Unrecht ist. Kurz gesagt, handelt es sich in Umweltfragen wie auch in der Abtreibungsdebatte genau aus dem Grund um ein ethisches Thema, weil es sich dabei um einen Konflikt zwischen verschiedenen Werten handelt, die vielleicht, vielleicht auch nicht, miteinander zu vereinbaren sind, aber beide gut sind. Die richtige Frage ist nicht ,Gut oder Schlecht', sondern ,Gut oder Gut'.

„Nur der Dogmatismus", so John Dewey, „kann behaupten, daß ein ernster moralischer Konflikt zwischen etwas eindeutig Schlechtem und etwas erwiesenermaßen Gutem ausgetragen wird, und daß die Unsicherheit ganz in der Hand des Wählenden liegt. Die meisten Konflikte von Bedeutung sind Konflikte zwischen Dingen, die zufriedenstellend sind oder waren, nicht zwischen Gut und Schlecht." Es ist an der Zeit, polarisierte Werte hinter sich zu lassen.

Eine Qualifikation

Dewey drückt sich vorsichtig aus. Er sagt „die meisten": „die meisten Konflikte von Bedeutung sind Konflikte zwischen Dingen, die zufriedenstellend sind oder waren, nicht zwischen Gut und Schlecht" (meine Hervorhebung). Es ist *normalerweise* so, daß jede Seite in bezug auf irgend etwas recht hat, und danach zu suchen, ist mit Sicherheit besser als anzunehmen, daß nur eine Seite alle Antworten weiß. Dennoch gibt es Themen, die sich tatsächlich auf Richtig oder Falsch reduzieren lassen. Es gibt wahrhaftig schlechte Dinge in dieser Welt, und wir müssen in der Lage sein, sie rückhaltlos abzulehnen. Der Punkt ist, daß diese Fälle vermutlich seltener sind, als wir denken.

Tatsächlich ist es, wenn wir mit einem schlechtem Standpunkt konfrontiert sind, immer noch wichtig, den Menschen, die ihn vertreten, Aufmerksamkeit zu zollen. Nicht weil wir ihrer Meinung wären, sondern um zu fragen, warum das Schlechte so attraktiv ist. Das heißt, um zu sehen, ob die *Menschen* vor dieser *Meinung* bewahrt werden können. Zum Beispiel kann der Fanatismus manchmal aus einem grundlegenden Gefühl von Unsicherheit heraus entstehen. Haß gegen eine Gruppe von „anderen" kann auf der Basis einer tiefen Empfindung von Ausgeschlossenheit und Machtlosigkeit entstehen. Und dies mag auch, bevor es sich auf einem Sündenbock niederschlägt, ein völlig begründetes Gefühl sein. Indem man die Verhaßten unterdrückt, läßt man die Anziehungskraft des Hasses selbst unberührt. Die Unterdrückung kann dieses Gefühl sogar vertiefen, den Haß noch attraktiver machen. Sogar hier, wo wir von einem grundsätzlichen „Richtig gegen Falsch" sprechen können, müssen wir also versuchen zuzuhören, die andere Seite zu verstehen, statt sie unversehens zu verurteilen, und versuchen herauszufinden, wie die Menschen, die sich davon angezogen fühlen, erreicht werden können.

Integration der Werte

Es ist deutlich, daß wir eine andere Art brauchen, mit Wertekonflikten umzugehen – statt der heute üblichen Herangehensweise, bei der man sich bis auf die Zähne bekämpft und der Gewinner den alleinigen Sieg davonträgt. Wie sollen wir uns entscheiden, wenn Richtig mit Richtig in Konflikt gerät? Wie können wir weiter vorgehen?

Die Antwort ist, daß wir die zur Frage stehenden Werte *integrieren* oder *harmonisieren* müssen. Wenn beide Seiten (oder alle Seiten) bis zu einem gewissen Grad recht haben, dann müssen wir versuchen, das, was bei jedem einzelnen von ihnen richtig ist, anzuerkennen. Wir müssen alle zur Debatte stehenden Werte berücksichtigen, nicht nur ein paar von ihnen.

Das ist sehr viel weniger mysteriös, als es klingen mag. Tatsächlich tun wir ständig etwas dieser Art. Fast jede wichtige Wahl in unserem Leben treffen wir angesichts der Notwendigkeit, Werte zu integrieren. Lassen Sie mich mit einem einfachen, nicht-ethischen Beispiel anfangen.

Nehmen Sie an, wir planen einen gemeinsamen Sommerurlaub; Sie wollen an den Strand fahren, während ich in die Berge möchte. Wir könnten es einfach auskämpfen oder eine Münze werfen, und am Ende das eine oder das andere tun. Ein besserer Weg wäre ein Kompromiß: vielleicht dieses Jahr der Strand, nächstes Jahr die Berge. Oder vielleicht könnten wir ein bißchen von beidem dieses Jahr tun. Obwohl ein Kompromiß manchmal als unehrenhaft oder rückgratlos angesehen wird, scheint es hier gerade das Gegenteil zu sein: ein mit klarem Kopf getroffenes Einverständnis über die Verschiedenheit der Werte und ein Versuch, beiden zumindest teilweise gerecht zu werden. Sehr einfach.

Aber vielleicht können wir es noch verbessern. Ich versuche herauszufinden, *warum* wir an den Strand oder in die Berge fahren wollen. Vielleicht stellt sich heraus, daß Sie schwimmen und sonnenbaden wollen, während ich gerne wandern gehen möchte. Diese Ziele sind ganz und gar nicht unvereinbar. Es gibt einige großartige Seen in den Bergen und hervorragende Wanderwege nahe der Küste. Wir beide können exakt das haben, was wir wollen, und das sogar zur selben Zeit.

Das ist es, was ich mit der Integration der Werte meine. Wie die im letzten Kapitel diskutierten Methoden basiert das Integrieren von Werten auf bestimmten Fähigkeiten des Problemlösens: neue Möglichkeiten zu entdecken und Probleme umzugestalten. An dieser Stelle liegt der Schwerpunkt allerdings auf den Werten. Wir befassen uns damit, Möglichkeiten zu finden, Werte, die scheinbar nicht zusammengebracht werden können, miteinander in Einklang zu bringen, Wege zu finden, beide (oder alle) von ihnen zu respektieren. Dies ist natürlich nicht immer möglich: Machmal sind mehrere gute Dinge wirklich nicht miteinander zu vereinbaren. Dennoch haben wir keinen Grund anzunehmen, daß sie in irgendeiner gegebenen problematischen Situation nicht miteinander zu vereinbaren sind, bis wir uns die Mühe gemacht haben, danach zu suchen.

Nehmen Sie die Frage „Eule oder Mensch". Ich habe gesagt, daß beide Seiten sich für Dinge aussprechen, die wichtig sind. Im Idealfall hätten wir gerne unberührte Wälder *und* Arbeitsplätze. Wir könnten natürlich versuchen, einen Kompromiß zu finden, um zumindest beides zu einem Teil zu verwirklichen. Das ist nicht verantwortungslos oder moralisch schwach, insbesondere wenn es gut umgesetzt wird. Da so wenig ursprünglicher Wald übriggeblieben ist, wird das Gedeihen der Holzindustrie wohl kaum darauf angewiesen sein; vielleicht muß gar nichts mehr davon abgeschlagen werden. Statt dessen könnte Holz an anderen, ökologisch und ästhetisch weniger wertvollen Plätzen geschlagen werden.

Doch auch diese Lösung sollten wir noch verbessern können. Vielleicht gibt es bessere Möglichkeiten der Integration. Wenn wir zum Beispiel Arbeitsplätze auf der Basis eines Eulenbeobachtungs-Tourismus schaffen könnten, wie es erfolgreich mit Walen getan worden ist, würden die Interessen der Eulen und der Menschen eher konvergieren als divergieren. Wir würden die Werte wirklich harmonisieren. Oder wir könnten auch versuchen, eine tragfähige Holzindustrie auf der Basis einer intensiveren, handwerksorientierten Nutzung aufzubauen, statt riesige Mengen Rohholz ins Ausland zu verschiffen oder es in Sperrholz zu zermahlen, wie es die Holzunternehmen derzeit tun. Diese Art des Holzschlags hätte im Gegensatz zur anderen eine Zukunft: besser für die Holzfäller *und* den Wald.

Im gegenwärtigen Jargon wäre dies eine „Gewinn-Gewinn" („win-win") Lösung. Statt daß eine Seite alles gewinnt, und die andere Seite alles verliert, könnten beide Seiten davon profitieren. Tatsächlich würden sie gar nicht mehr als entgegengesetzte Seiten erscheinen. Stephen Cowey sagt über die buddhistische Suche nach dem sogenannten „Mittelweg": „‚Mitte' in diesem Sinne bedeutet nicht ‚Kompromiß': Es bedeutet ‚höher', wie die Spitze eines Dreiecks." Wenn Richtig mit Richtig kollidiert, sind wir zu genau solch einer Suche nach etwas „Höherem" aufgefordert: etwas, das die Werte beider (oder vielmehr aller) Seiten respektiert, etwas, das uns hilft, gemeinsam vorzugehen, etwas, das kreative neue Strategien unterstützt – integrierende Lösungen.

Sogar in der Abtreibungsdebatte stellt sich heraus, daß integrative Strategien umzusetzen sind. Ich kann kaum an eine bessere Empfehlung für Sie denken.

Zum Beginn könnten wir versuchen, einen Kompromiß zu finden. Beachten Sie, daß, obwohl hier zwei wichtige Werte zur Debatte stehen, sie nicht zur gleichen Zeit in der gleichen Weise zur Debatte stehen. Zuerst könnte die Selbstbestimmung gewürdigt werden, dann, wenn der Fötus heranwächst, könnte die Waage in die andere Richtung ausschlagen. Nehmen Sie an, daß wir Abtreibungen während der frühen Schwangerschaft erlauben, wenn der Embryo kaum entwickelt ist und die Autonomie der Frau in leichtester und sicherster Weise sichergestellt werden kann. Nehmen Sie weiterhin an, daß wir Abtreibungen verbieten (bzw. in den meisten Fällen – es wird immer noch einige Ausnahmen geben), wenn der Fötus schon weiter entwickelt ist und eher einen Anspruch hat, und wenn die Selbstbestimmung sozusagen ihre Chance gehabt hat. Um es kurz zu sagen, nehmen Sie an, daß wir die Grenze *in der Mitte* ziehen.

Es ist interessant anzumerken, daß diese Vorgehensweise ohnehin nahe an der Wirklichkeit liegt – bedingt sowohl durch die biologischen Fakten (mehr als 90 Prozent aller Abtreibungen werden in den ersten drei Monaten der Schwangerschaft vorgenommen) als auch durch die politischen Maßgaben. Die Gerichtsentscheidung des *Supreme Court* von 1973 in dem Fall *Roe gegen Wade* erlaubt dem Staat, Abtreibungen strenger zu regeln, sobald der Fötus weiter herangewachsen ist, und viele Staaten haben sich danach gerichtet. Jüngere Urteile erlauben den Bundesstaaten, bestimmte Restriktionen aufzuerlegen, wie z.B. Wartezeiten, andere dagegen nicht, wie etwa die Benachrichtigung der Eltern. Im Grunde genommen ist das, was wir getan haben, ein Kompromiß, einen integrativen Mittelweg herauszuarbeiten. Nun bleibt es uns überlassen, darauf zu bestehen, daß dieser Standpunkt in keiner Weise ehrenrührig oder willensschwach oder politisch zweitklassig ist, sondern statt dessen eine klarsichtige (und längst überfällige) Anerkennung der zur Debatte stehenden Werte, die versucht, beiden (oder allen) zumindest teilweise gerecht zu werden.

In Kapitel 3 habe ich vorgeschlagen, daß eine noch konstruktivere Herangehensweise sich auf den Bedarf nach Abtreibungen selbst konzentrieren könnte. Denken Sie zum Beispiel an die Wisconsinsche Gesetzesentscheidung, die in diesem Kapitel beschrieben wird. Sie wurde von beiden Seiten unterstützt. Auf diesem Weg könnten wir sehr viel weiter gehen. Anfang 1994 wurde eine Gruppe ins Leben gerufen, die sich *Common Ground Network for Life and Choice* (Netzwerk einer gemeinsamen Basis für ‚Leben‘ und ‚Selbstbestimmung‘) nannte: eine Koalition von Aktivisten von beiden Seiten – pro und contra Abtreibung –, die versuchten, sich jenseits der gegenwärtigen Festgefahrenheit zu bewegen, indem sie zunächst einmal einander zuhörten, statt die alten Angriffe immer weiter zu wiederholen. Dies ist ein gutes Zeichen. Möglicherweise sind, wie in Kapitel 3 ausgeführt wird, schließlich doch noch weitere integrative Lösungen am Horizont.

Eine letzte Überlegung. Vielleicht ist die Verführung, Werte zu polarisieren, schon in dem Ausdruck „Wertekonflikt" enthalten. Nur von einem „Konflikt" zu sprechen, läßt es so aussehen, als könne man nicht viel daran tun – wie auch die Überschriften nahelegen, die einem spontan in den Sinn kommen, wie z.B. „Thema Abtreibung: Ein Konflikt von Rechten". Es hört sich so an, als ob wir auswählen müßten. Selbst unsere Sprache müßte also überdacht werden. Nehmen wir an, wir würden solche Fälle nicht „Wertekonflikte" nennen, sondern sie als Erinnerung verstehen, daß unsere Werte kompliziert sind und daß normalerweise mehrere Anliegen gleichzeitig berücksichtigt werden müssen. Nur soviel. Solche Themen sich nicht notwendig frontale Kollisionen verschiedener Werte, bei der eine und nur eine Seite schließlich gewinnen muß. Sie können statt dessen die Chance bieten, eine kreative Integration von Werten umzusetzen. Versuchen wir, sie besser zu nutzen.

5
Ethik mit dem Herzen

Ethik fordert uns auf, der Herzlosigkeit zu widerstehen, ein „offenes Herz" zu behalten. Auch das ist eine Art von Achtsamkeit – vielleicht die grundlegendste von allen – und es ist das letzte unserer Hauptthemen in der praktischen Ethik.

Wenn das Herz sich verschließt

Sie werden in einem Restaurant bedient – oder in einer Bank oder an einem Schalter, oder an einem von Dutzenden anderer solcher Plätze. Jeder weiß, wie automatisch und selbstverständlich eine solche Beziehung sein kann. Tatsächlich ist es selten überhaupt eine „Beziehung". Für die Kunden ist die Bedienung allzuoft nur ein Weg, um Essen zu bekommen. Für die Bedienung mag der Kunde nur ein weiterer hungriger Mund sein. Das kann zutreffen, auch wenn sich irgendein Dialog oder vielleicht sogar ein Flirt ergibt. Jeder spielt nur eine Rolle, ohne einen weiteren Gedanken zu verschwenden – ohne einen Gedanken an den Menschen gegenüber.

Was geschieht hier? In Fällen wie diesem scheinen wir unfähig zu sein, uns in die Situation der anderen zu versetzen, wir sind nicht bereit, uns ihre Gefühle vorzustellen, als ob sie unsere wären. Der im 19. Jahrhundert lebende Philosoph Josiah Royce beschreibt es fast biblisch:

„Du hast [deines Nachbarn] Gedanken, seine Gefühle als etwas anderes als die deinen angesehen. Du hast gesagt: ‚Ein Schmerz in ihm ist nicht ein Schmerz in mir, sondern etwas, das sehr viel leichter zu ertragen ist.' Er scheint dir ein bißchen weniger lebendig als du ... So, dämmrig und dem Instinkt folgend, hast du mit deinem Nachbarn gelebt, und hast ihn nicht gekannt, blind, wie du warst. Du hast ein Ding [aus ihm] gemacht, kein Selbst."

Was Royce hier beschreibt, ist Herzlosigkeit. Modern ausgedrückt, steht die Herzlosigkeit für unsere Tendenz zu vergessen, daß die Menschen um uns herum die gleichen Gefühle und Bedürfnisse haben wie wir selbst. Es ist unsere Tendenz, die anderen wie Dinge, wie Bedienstete oder Hindernisse zu behandeln, statt: wie andere Menschen.

Ach was, mag jemand einwenden, das ist eine extreme Annahme. Wir wissen ganz bestimmt, immer oder die meiste Zeit, daß die anderen auch Menschen sind.

Denken Sie nach: Wir nehmen es kaum wahr, wenn Bankangestellte durch Bankautomaten ersetzt werden. Warum? Möglicherweise, weil wir die Angestellten schon die ganze Zeit wie Maschinen behandeln? Das ist es, was Royce meint, wenn er sagt, daß wir mit anderen „dämmrig und dem Instinkt folgend" leben. Wir behandeln die anderen, als ob sie überhaupt „kein Selbst" hätten. So gehen wir oft aus purer Gewohnheit und wie automatisch miteinander um.

Royce hat sogar im wahrsten Sinne des Wortes recht, wenn er sagt, daß wir den Schmerzen anderer Menschen nur wenig Beachtung schenken. Denken Sie daran, was passiert, wenn Ärzte plötzlich Patienten werden: wenn Chirurgen unter das Messer kommen oder wenn Anästhesisten eine Anästhesie bekommen. Eine häufige Reaktion ist Schock.

Es stellt sich heraus, daß die Spritze, von der sie den Patienten jahrelang erzählt haben, daß sie „nur ein bißchen weh tut", höllisch weh tut. Prozeduren, die Routine für sie waren, zeigen sich plötzlich in einem angsterregenden, neuen Licht. Die Einstellungen der anderen Ärzte – die bis zu diesem Zeitpunkt auch die ihren waren – fangen an, seltsam und hartherzig zu erscheinen.

Warum haben sie das nicht vorher gesehen? Schließlich erleben sie nur dasselbe, was sie jahrelang aus einer anderen Perspektive gesehen haben. Aber manchmal scheint die Perspektive alles zu sein. Wie der alte Witz sagt: Ein Arzt, der sagt, daß es „überhaupt nicht weh tun" wird, meint eigentlich, daß es *ihm* nicht weh tun wird. (Noch einmal Royce: „Du hast gesagt, ‚Ein Schmerz in ihm ist nicht ein Schmerz in mir, sondern etwas, das sehr viel leichter zu ertragen ist.'") Für manche Ärzte ist Schmerz etwas, das man „handhaben" muß, nicht etwas, das man teilen und wofür man Mitgefühl empfinden kann.

Wir erkennen und verurteilen diese Art von Herzlosigkeit leicht, wenn wir an der Stelle des Empfängers sitzen. Nichts trifft uns mehr, als wenn wir erkennen, daß wir von einem anderen wie eine Sache behandelt werden. Die freundlichsten Vertreter grüßen mich am Telefon wie einen alten Freund, legen aber mitten im Satz auf, wenn sie erkennen, daß sie keinen Kaufvertrag abschließen können. Und es kann noch viel schlimmer kommen. Sexuelle Ausbeutung – zu erkennen, daß man für jemand andern nur ein Körper ist, nur ein Mittel zur Befriedigung eines anderen – trifft uns noch sehr viel tiefer. Alles Vertrauen, alle Geborgenheit, einer oder eine von vielen zu sein und dazuzugehören, ist betrogen worden. Wir beklagen uns wie Royce, daß „du mich nur wie ein Objekt behandelst" oder „wie ein Ding, nicht wie eine Person".

Die Fälle, in denen Menschen völlig zu Dingen reduziert werden, gehören zu den schlimmsten aller Verbrechen. Die Konzentrationslager der Nazis waren als Mittel zur Entmenschlichung gedacht. Es ist kein Wunder, daß sie der erste Schritt zur Massenhinrichtung waren. Sklaverei war im wahrsten Sinne des Wortes die Behandlung von Menschen als bloßes Eigentum, und wurde zum Teil durch die Behauptung rationalisiert, daß Schwarze keine wirklichen physischen Schmerzen spürten oder unter Unterdrückung nicht so litten, wie Weiße leiden würden. (Noch einmal: „Ein Schmerz in ihm ist nicht wie ein Schmerz in mir.") Dies ist oft behauptet worden, von vielen Menschen und Völkern. Wissenschaftler haben es behauptet, und manche behaupten es heute noch in bezug auf andere Tiere. Die Herzlosigkeit ist verführerisch – und nur zu verbreitet.

Warum das Herz sich verschließt

Um zu verhindern, herzlos zu sein, müssen wir verstehen, wie es dazu kommt. Hier sind einige der Möglichkeiten.

Der größte Übeltäter, so viele Moralphilosophen, ist die Selbstbezogenheit. Wir sehen oder hören andere Menschen nicht, weil unser eigenes Selbst so deutlich in Erscheinung tritt. Manchmal ignorieren wir andere einfach, vergessen sie, so voll sind wir von uns selbst. Dies ist der Grund, warum manche Menschen für Jahre in einer Familie oder Gruppe leben können, und dennoch niemals eine Ahnung haben, was ein anderer empfindet. Was *ich* fühle, ist einfach zu wichtig.

Die Selbstbezogenheit führt auch dazu, in anderen das zu sehen, was wir dort sehen wollen. Ein Mann will, daß das Objekt seiner Begierde dasselbe fühlt wie er; also geht er davon aus, daß sie es tut, und verhält sich entsprechend. Er hat kein Interesse – tatsächlich hat er vielleicht sogar ein bißchen Angst davor – herauszufinden, was sie wirklich denkt.

Selbstbezogenheit ist also ein Teil der Geschichte. Aber es gibt auch andere Faktoren. Zum einen die pure praktische Notwendigkeit. Das Leben ist zu kompliziert und zu anstrengend, um sich bei allen Kontakten auf echte Weise verbindend zu verhalten. Wir müssen sehr wohl unser Essen im Restaurant und unser Geld in der Bank bekommen und vielleicht sogar Dinge am Telefon verkaufen. Manchmal müssen wir wahrscheinlich „dämmrig und dem Instinkt folgend" miteinander leben und mit anderen Menschen, sogar mit unserer engsten Familie und Freunden, ein wenig automatisch, ein wenig „blind" verkehren. Das Problem entsteht, wenn wir mit anderen Menschen *nur* in dieser automatischen Weise umgehen. Unser Verhalten wird dann ganz von der Gewohnheit bestimmt. Wenn wir mit mehr und mehr Menschen umgehen, als ob sie Bankautomaten wären oder Patienten, die man handhaben muß, dann können wir die Fähigkeit verlieren, in einer anderen Weise mit ihnen umzugehen.

Auch herabsetzende Redeweisen und Stereotype können in verschiedener Weise eine Rolle spielen, wenn wir uns herzlos verhalten. Manchmal reduziert unsere Sprache einen Menschen oder eine ganze Gruppe von Menschen im wahrsten Sinne des Wortes zu Dingen. Wenn Männer zum Beispiel weibliche Geschlechtsmerkmale als Synonym für Frauen verwenden, behandeln sie Frauen als Sexobjekte – das heißt, als Objekte, Körper, die man zu sexuellen Zwecken benutzen kann. Andere gebräuchliche männliche Wörter für Frauen wie „Häschen", „Baby" oder „Puppe" bezeichnen gedankenlose oder hilflose Spielzeuge bzw. Abhängige. Durch diese Ausdrücke wird sowohl Männern als auch Frauen beigebracht, Frauen in dieser Weise zu sehen.

Stereotype rufen routinemäßige, unreflektierte Antworten hervor, die uns wiederum davon abhalten, mit Menschen als Menschen umzugehen und automatische Reaktionen durch überlegte zu ersetzen. Stellen Sie sich vor, Sie lernen jemanden ganz neu kennen, und Sie haben weder Vorurteile noch Erwartungen. Wenn Sie keine Etiketten haben, mit denen Sie diesen Menschen kategorisieren können, müssen Sie tatsächlich mit ihm *in Beziehung treten*. Aber das ist etwas ganz anderes als das, was üblicherweise passiert. Üblicherweise sind wir gut versorgt mit Etiketten. Wir müssen nur wissen, daß jemand politisch konservativ ist oder ein Obdachloser oder ein Anwalt oder sogar nur ein Fremder, und schon wissen wir, „wer er ist". Die Erscheinung ist oft schon genug, um die Stereotype auf den Plan zu rufen. Es ist nicht notwendig, in Beziehung zu treten; man reagiert einfach.

Des weiteren werden durch Stereotype Unterschiede hervorgerufen bzw. übertrieben, die uns davon abhalten, ein offenes Herz zu behalten. Jemand, der anders ist als Sie selbst, scheint auch weniger wichtig zu sein oder vielleicht sogar, wie Royce es ausdrückte, „ein bißchen weniger lebendig". So definieren sich (manche) Weiße dadurch, daß sie anders sind als Schwarze, (manche) Männer, daß sie anders sind als Frauen, Christen anders als Juden, Amerikaner anders als Nicht-Amerikaner, und alle von uns anders als Tiere. Die wahren Unterschiede können dabei irrelevant sein oder vielleicht nicht einmal existent, aber das spielt fast keine Rolle. Der angebliche Unterschied hält uns davon ab, aufmerksam zu sein, es ist nicht wahrscheinlich, daß wir bemerken, daß die stereotypen Unterschiede nur Einbildung sind.

Sich-selbst-erfüllende Vorhersagen
(„Self-fulfilling prophecies")

Noch schlimmer wird es, wenn Stereotype wie die genannten zu sich-selbst-erfüllenden Vorhersagen werden. Zum Beispiel war eine der hauptsächlichen Ausreden für die Versklavung der Schwarzen in Amerika, daß die Schwarzen von Natur aus „unwissend und unterentwickelt" seien. Aber eines der ersten Ergebnisse der Sklaverei war, daß die Sklaven oft unwissend und unterentwickelt gemacht wurden. Sie wurden nicht zur Schule geschickt, sie wurden mit Arbeit verdummt, ihre Familien und Gemeinschaften immer wieder auseinandergebrochen. Dadurch werden, wie Frederick Douglass, ein Aktivist gegen die Sklaverei, erklärte, „… die Verbrechen der Sklaverei selbst die beste Entschuldigung für die Sklaverei. Indem sie die Sklaven zu Charakteren machen, die nur zur Sklaverei geeignet sind, entschuldigen sie sich, daß sie nicht in der Lage sind, freie Menschen aus ihnen zu machen." Sklaverei erschöpft und entwürdigt die Sklaven; danach wird gerade diese Würdelosigkeit den Sklaven zur Last gelegt und rechtfertigt somit weitere Sklaverei und Entwürdigung.

Ähnliches kann, vielleicht in einer milderen Form, über andere Formen der sich-selbst-erfüllenden Vorhersagen gesagt werden. Auch der Sexismus kann zum Beispiel zu einer sich-selbst-erfüllenden Vorhersage werden. Die Kraft einer Frau wird durch alle Arten von vorurteilsbedingten Hindernissen erschöpft und aufgezehrt, und dann wird ihr eigenes Versagen als Beweis angeführt, daß der Sexismus gerechtfertigt ist.

Es gibt auch Beispiele jenseits menschlicher Beziehungen. Etwa die Tiere in industriellen Viehzuchtbetrieben: Sie werden wie lebende Ei- oder Milch-Maschinen oder lebende

Stücke Fleisch gehalten, in vielen Fällen sogar ohne die Möglichkeit, sich umzudrehen oder sich artgerecht zu bewegen. Sie werden schnell vollkommen unsozial, hilflos und bemitleidenswert – abgesehen davon, daß sie gefährlich für sich selbst und andere werden. Menschen, die solche Tiere sehen, sind oft völlig verblüfft, daß jemand denken kann, daß sie Rechte oder einen moralischen Anspruch haben – die Tiere scheinen so bemitleidenswert. Aber dem kann gerade die Tatsache entgegengehalten werden, daß sie zu diesem Zustand reduziert worden sind. Sie werden bemitleidenswert gemacht. Die Entwürdigung der Tiere wird durch unsere eigene Hartherzigkeit ermöglicht und vielleicht sogar unterstützt, und dann scheint gerade diese Würdelosigkeit eine noch größere Hartherzigkeit zu rechtfertigen.

Wie das Herz sich öffnet

Zu Anfang dieses Kapitels habe ich Royce' Verurteilung der Herzlosigkeit zitiert. Nun fährt Royce fort:

„Mach' Schluß mit dieser Illusion, und versuche einfach, die Wahrheit zu lernen. Schmerz ist Schmerz, Freude ist Freude, überall, ganz so wie in dir ... In jedem Frohlocken und jeder Hoffnung, vom edelsten bis zum niedrigsten, ist das gleiche bewußte brennende, willensstarke Leben zu finden, unendlich vielfältig wie die Formen des Lebens, unlöschbar wie die Feuer der Sonne, wahr wie die Empfindungen, die eben jetzt in deinem eigenen Herzen pochen."

Dafür offen zu bleiben, werde ich mit einem „offenen Herzen" bezeichnen. Um es moderner auszudrücken, bedeutet ein offenes Herz die Fähigkeit, daran zu denken, daß die Menschen um uns herum die gleichen Gefühle und Bedürfnisse haben wie wir. Es bedeutet zu wissen und nicht nur zu sagen, daß andere Menschen auch Menschen sind. Zu erkennen, wann und warum wir herzlos handeln, ist schon der erste Schritt zur Veränderung. Wir können unsere eigene Selbstbezogenheit anerkennen, aber sie dann in ihre Schranken weisen. Wir können sorgfältiger mit unserer Sprache umgehen. Wir können unsere Stereotype mit Vorsicht genießen. Wir können versuchen, einige unserer gewöhnlichen und automatischen Verhaltensweisen gegenüber anderen Menschen zu durchbrechen. Behandeln Sie die Kellnerin wie einen Menschen (wie würden Sie sich in ihrer Haut fühlen?) statt eines laufenden Roboters oder jemandem, dessen einziger Zweck im Leben es ist, Ihre Wünsche zu erfüllen.

Mit der Frage „Wie würden Sie sich in ihrer Haut fühlen?" kommen wir zurück zu der Goldenen Regel. In Kapitel 2 habe ich gesagt, daß die Goldene Regel in dem Sinne, daß sie uns erlaubte, konkrete Entscheidungen zu treffen, überhaupt keine wirkliche Regel ist. Aber sie hat einen anderen Nutzen. Zu sagen „Was du nicht willst, daß man dir tu, das füg auch keinem andern zu" ist im Grunde genommen zu sagen: Denk daran, daß andere genauso real, genauso bewußt und genauso wichtig sind wie du. Und das ist eine eminent wichtige Erinnerungshilfe. Es ist ein wichtiger Schritt heraus aus unserer Selbstbezogenheit.

Es ist nicht erforderlich, daß wir andere Menschen auf exakt die gleiche Art und Weise behandeln, wie wir mit uns selbst umgehen. Es geht darum, andere Menschen anders als Dinge zu behandeln: ihnen mit einem gewissen Grad von Höflichkeit und Respekt zu begegnen. Zu erkennen, daß andere Menschen genau wie wir ein Innenleben haben, und herauszubekommen, wie das aussieht – sich jenseits der Stereotypen zu bewegen, jenseits der Etiketten, jenseits unserer eigenen Vorurteile und einer Welt, die sie oft einführt und verstärkt.

Eine meiner Studentinnen schrieb über die Begegnung mit einer obdachlosen Frau in New Yorks Penn Station:

„Ich wartete auf eine Freundin, aber sie hatte sich verspätet, und ich war allein und hatte Angst. Eine Frau, die vor dem Bahnhof Kreisel verkaufte, kam zu mir herüber. Sie fragte mich nach meinem Namen und ich sagte ihn ihr, und sie sagte, daß ihr Name Mona Lisa sei. Schließlich redeten wir eineinhalb Stunden lang ... Sie erzählte mir alles über ihr Leben, und wie sie auf der Straße gelandet war. Alles aus Liebe. Ihr Freund war schwarz, sie war weiß, und ihre Eltern wollten nichts mehr von ihr wissen, also lief sie mit ihm davon und sie sind immer noch zusammen, verliebt ..."

Ein Landkind, allein und verängstigt bei einem ersten Ausflug nach New York, wird von einem jener Menschen angesprochen, die sie niemals von Angesicht zu Angesicht kennengelernt hatte, die sie nur als Stereotyp kannte: die Obdachlosen. Tausende von Malen war dieses Stereotyp im Fernsehen und in den Zeitungen wiederholt worden. Dennoch fand sich diese Studentin in der Lage, sie als Menschen zu sehen und ihr als Mensch zu antworten, wie auch „Mona Lisa" es im Gegenzug tat.

Beachten Sie, daß ein solches Verhalten nicht dasselbe ist, wie nur „nett" zu sein. Nett zu sein, hätte geheißen, einen Kreisel zu kaufen und sich dann aus dem Staub zu machen: auf der Ebene von Gewohnheit und stereotypem Verhalten zu bleiben. Diese Studentin tat etwas vollkommen anderes. Sie verhielt sich als Mensch gegenüber einem Mitmenschen. („Sie behandelte mich nicht wie eine Kundin, die einen Kreisel kaufen sollte, sondern wie eine verängstigte Freundin. Und ich behandelte sie nicht wie eine Obdachlose, sondern wie eine Vertrauensperson.") Etwas sehr viel wertvolleres als Geld oder Kreisel wurde an diesem Abend getauscht.

Sich an die Goldene Regel zu halten, ist also ein Weg zu einem offenen Herzen. Hier sind einige weitere Vorschläge.

Seien Sie bereit für Überraschungen. Sie erinnern sich, ein Weg zur Herzlosigkeit ist schlicht und einfach Gewohnheit: unsere Tendenz, mit anderen automatisch, den Stereotypen und der Routine entsprechend umzugehen. Um das Herz offen zu halten, müssen wir die entgegengesetzte Richtung einschlagen. Durchbrechen Sie die Routine. Suchen Sie zum Beispiel absichtlich nach etwas, was der Routine zuwiderläuft. Denken Sie daran, daß Sie nicht alles über einen Menschen wissen, was es über ihn zu wissen gibt, wenn Sie nur sein Aussehen und einige „Etiketten" kennen. Ich habe von meinem geistig behinderten Bruder mehr gelernt als von vielen meiner Lehrer. Aber für die meisten Menschen ist er einfach nur „behindert". Sie können nicht hinter die Etiketten schauen. Entsprechend ist niemand nur ein „Häschen" oder ein Anwalt oder ein Fundamentalist – genausowenig wie *Sie* zu solchen Etiketten reduziert werden könnten. Seien Sie bereit, dies wahrzunehmen.

Lernen Sie, manchmal still zu bleiben. Eines der größten Hindernisse, andere Menschen wirklich zu sehen oder zu hören, sind ständige Unterbrechungen durch uns selbst. Üben Sie, sie für eine Weile abzuschalten. Sie können sie später wieder einschalten (wenn Sie wollen). Aber wenn Sie zuhören, hören Sie mit ganzem Herzen zu. Urteilen Sie nicht – hören Sie einfach zu.

Gehen Sie auf andere zu. Geben Sie anderen eine Chance. Denken Sie daran, wie leicht herzlose Angewohnheiten zu sich-selbst-erfüllenden Prophezeiungen werden können. Dann denken Sie über die parallele Aussage nach: Auch ein offenes Herz zu haben, kann sich-selbst-erfüllend wirken. Sagen Sie also den Leuten auf der Straße Guten Tag, und sehen Sie, ob Sie Wohlwollen zurückbekommen. Bieten Sie einem aufgeregten Kind oder einem bekümmerten Freund ein bißchen Liebe oder Vertrauen, statt nur zu moralisieren – in der Hoffnung, daß sie es eines Tages verdient haben werden. Unternehmen *Sie* den ersten Schritt. Vertrauen Sie zuerst – geben Sie den anderen die Chance, sich dem Vertrauen als würdig zu erweisen.

In einem Ausbruch von Inspiration setzte einmal jemand ein Projekt für ehemalige Häftlinge an einem städtischen Seniorenzentrum um. Sie sollten – quasi als letzte Gelegenheit zu ihrer Rehabilitation – den alten Menschen helfen. „Denn vielleicht ist dieses Zentrum auch die letzte Gelegenheit für einige dieser alten Leute. Die letzte Gelegenheit zu einer Kameradschaft, die letzte Gelegenheit, bevor sie – allein – sterben. Beide sind Randgruppen – warum kann man nicht versuchen, sie zusammenzubringen?" So spazierten ein Exhäftling und eine alte Frau zusammen auf der Straße. Sie war einmal von einem wie ihm ausgeraubt worden. Nun hilft er beim Einkaufen. Sie sagt:

„Ich weiß nicht, was er von mir hält. Alles, was ich weiß, ist, daß er mich nach Hause begleitet. Wir reden und scherzen. Ich lerne etwas darüber, wie es heute zugeht in der Welt, wovon ich nicht mehr viel weiß. Und ich habe nicht das Gefühl, daß ich nur eine kleine, alte jüdische Dame bin. Sie denken, das ist nichts? Wissen Sie, mit wievielen anderen Menschen ich mich nicht wie eine kleine alte Dame fühle?"

Er sagt:

„Versuch mal abzuschütteln, daß du ein Junkie warst und gesessen hast. Überall wo du hingehst, kriegst du das mit. Aber diese Frau, es ist so, als ob's ihr egal wär. Sie sagt, daß sie auch ein hartes Leben hatte, vielleicht ist es das. Ich hab ihr erzählt, wie ich geklaut hab. Ich hab ihr vom Knast erzählt. Sie sagt: ‚Ihre Mutter muß sich sehr aufgeregt haben. Lassen Sie uns Gemüse kaufen. Haben Sie Zeit dafür?' Niemand hat mich jemals so behandelt, als ob ich etwas zu geben hätte. Nur zu nehmen. Deshalb habe ich nie was anderes getan. Nehmen …"

„Es ist eine Chance, das alte Muster zu durchbrechen", sagt der Begründer des Projekts. Kein Witz. Wagnisse werden überall eingegangen. Geben Sie anderen eine Chance. Gehen Sie selbst ein Wagnis ein.

Der expandierende Kreis

Da die Ethik ein offenes Herz verlangt, ist auch ihr Ende offen. Der Kreis unserer ethischen Anliegen tendiert zur Erweiterung: zu einer immer größeren Vollständigkeit.

Die Sklaverei, um ein offensichtliches Beispiel anzuführen, war in der alten Welt üblich. Sie wurde als selbstverständlich angesehen. Moralische Fragen wurden nicht gestellt. Sie war auch in der nicht so fernen Vergangenheit in Europa und Amerika weit verbreitet. Heute erkennen wir sie als das Übel, das sie war. In jüngerer Zeit brachte die Bürgerrechtsbewegung in den USA den Rassismus als moralisches Übel ins Rampenlicht, obwohl dieser Kampf noch lange nicht abgeschlossen ist. Heute fangen wir an zu erkennen, daß der Sexismus – die Diskriminierung der Frauen – ähnlich weit verbreitet und ähnlich inakzeptabel ist, obwohl auch hier der Kampf gerade erst beginnt.

Eine Veränderung in diesen Dingen zu erreichen, ist sehr viel schwieriger, als es zunächst aussieht. Aus der Sicht der Sklavenhalter war es unvorstellbar, daß Sklaven ebenbürtig sein konnten und denselben menschlichen Respekt verdienten. Sklaverei war einfach eine Tatsache. Sie wurde als selbstverständlich angesehen. Sie wurde von allen rechtschaffenen Menschen anerkannt und betrieben. Sowohl die Wissenschaft als auch die Religion der damaligen Zeit rationalisierten sie. Wie Frederick Douglass deutlich machte, kam hinzu, daß die Sklaverei Sklaven manchmal so sehr erniedrigte, daß ihre Sklaverei gerechtfertigt schien. Sie erschienen nicht als ebenbürtig. Daß die Sklaverei in Frage gestellt werden könnte, war fast unvorstellbar – bis sie tatsächlich in Frage gestellt wurde.

Wie kam die Frage überhaupt auf? Wie bei allen wichtigen gesellschaftlichen Veränderungen gibt es eine Vielzahl von Gründen. Erstens war nicht jeder in einer Sklavenhaltergesellschaft an der Sklaverei beteiligt. In der Mitte des 19. Jahrhunderts begannen größere wirtschaftliche Interessen in den Vereinigten Staaten, die Entwicklung in eine andere Richtung zu begünstigen. Außerdem hatten sich immer zumindest ein paar Stimmen inmitten der dominanten moralischen und religiösen Traditionen gegen die Sklaverei ausgesprochen. Es gab auch regelmäßig auftretende Sklavenrevolten, die allerdings gewaltsam niedergeschlagen wurden.

Daneben und dahinter war außerdem ein grundsätzlicher moralischer Prozeß im Gang. Einige Weiße – vielleicht zuerst nur einige wenige – waren bereit und fähig, sich mit der versklavten Rasse zu identifizieren: sich selbst in die Lage eines Sklaven zu versetzen, die Sklaven als Menschen wie sie selbst zu sehen, zu leiden, wie sie es tun würden. Sie fingen an, die „offensichtliche" Idee in Frage zu stellen, daß die Rasse einen so enormen moralischen Unterschied machen könnte, daß eine Rasse frei sein konnte und die andere versklavt. Nach und nach fanden ihre Stimmen Gehör und begannen das Herz und den Verstand anderer zu erreichen. Die alten Ausflüchte begannen, hohl zu klingen.

In solchen Momenten sind große gesellschaftliche Kräfte freigesetzt. Auf der einen Seite behalten die alten Gewohnheiten und Normen eine große Macht. Niemand möchte denken, daß ein ganzer, für die Mehrheit bequemer und normaler Lebensstil sich als moralisch unakzeptabel herausstellen könnte oder verändert werden müßte. Dennoch können uns unsere Herzen in die andere Richtung drängen. Es kann immer augenscheinlicher werden, daß die alten Traditionen verändert werden müssen.

Der Philosoph Tom Regan überlegt, was er in der Zeit getan hätte, in der religiöse und wissenschaftliche Rationalisierungen der Sklaverei noch weithin akzeptiert wurden:

„In meiner Vorstellung wiederhole ich diese Frage immer wieder. Ich weiß, was ich glauben möchte. Ich möchte glauben, daß ich einer von denen gewesen wäre, die sich für eine Veränderung des moralischen Status quo eingesetzt haben – einer jener Minderheit, die durch das dünne Gewebe aus Vorurteil, Ignoranz und Angst hindurchschauten, welches die Akzeptanz aller Menschen als moralisch gleichwertig verhinderte. Aber … ich weiß es nicht. Die Kraft der dominanten Kultur ist groß …"

Es gibt keine feste Richtschnur für solche Situationen. Aber wir können zumindest feststellen, daß der moralische Status quo mitunter im Unrecht ist – und feststellen, daß es manchmal das Herz ist, was uns zuerst darauf hinweist. Seien Sie bereit, ihm zuzuhören.

Wird irgendein moralischer Staus quo heute in Frage gestellt? Laut Regan ja. Denken Sie, so sagt er, an unsere Behandlung anderer Tiere.

Wir sind daran gewöhnt, Tiere als niedrigere Lebewesen anzusehen, ja kaum überhaupt als Lebewesen: vielmehr nur als Ressourcen, die zwecks Stillung unserer Bedürfnisse zur

Verfügung stehen. Kommerziell gehaltene Hühner verbringen ihr gesamtes, kurzes Leben in Käfigen, die zu klein sind, als daß sie sich darin umdrehen könnten. Fleischkälbern werden Nährstoffe, Auslauf und sogar Licht vorenthalten. Jedes Jahr werden große Zahlen von Hunden, Schimpansen, Katzen, Kaninchen und vielen anderen Tieren benutzt, um neue Medikamente und chemische Stoffe für eine eventuelle menschliche Verwendung zu testen.

Dennoch hat die mißliche Lage dieser Tiere begonnen, uns anzusprechen. Auch hier waren einige Menschen willens und fähig zuzuhören: sich selbst in die Lage anderer Tiere zu versetzen, andere Tiere als Lebewesen wie uns selbst zu sehen, als Lebewesen, die leiden, wie wir leiden würden. Sie fangen an, die „offensichtliche" Idee in Frage zu stellen, daß Arten einen so enormen moralischen Unterschied machen sollten, daß die Lebewesen einer Art eine moralische Sonderstellung hätten, während die der anderen Arten mitleidslos ausgebeutet werden könnten. Vielleicht haben sie unrecht – vielleicht verdienen andere Tiere wirklich keine gleichwertige moralische Berücksichtigung – aber in jedem Fall wird es immer schwerer, ihre Stimmen wegzurationalisieren.

Die alten Begründungen, mit deren Hilfe den Tieren alle Rechte abgesprochen worden sind, haben uns lange begleitet. Tiere können nicht denken, sagt man; sie fühlen keinen Schmerz und so weiter und so weiter. Tiere zu essen, ist für die meisten Menschen immer noch so normal, daß es kaum zu hinterfragen ist. Viele meiner Studierenden glauben, daß sie ohne Fleisch im wahrsten Sinne des Wortes nicht überleben könnten. Aber auch Menschen ändern sich. Der Vegetarismus ist im Aufwind, und die meisten Restaurants bieten inzwischen fleischlose Gerichte an. Die alten Gewohnheiten sind vielleicht nicht länger gut genug. Menschen, die weiterhin Fleisch essen, bekommen langsam das

Gefühl, sich dafür entschuldigen zu müssen, was zumindest ein Zeichen ist, daß sie eine gewisse Unruhe verspüren. Die moralische Unsicherheit nimmt zu. Vielleicht werden wir in hundert Jahren die gegenwärtige Behandlung der Tiere unglaublich finden, etwa so, wie uns heute die Sklaverei unglaublich erscheint. Oder vielleicht auch nicht. In jedem Fall ist die Frage zur Zeit offen.

Die Ethik versucht ebenso, Antworten auf die Umweltkrise zu finden. Manche Philosophen und Moraltheoretiker argumentieren, daß wir anfangen müssen, die gesamte Natur aus einer ethischen Sichtweise zu betrachten. Vielleicht müssen wir heute nicht nur andere Tiere, sondern das gesamte Ökosystem, sogar die gesamte lebende Erde mit anderen Augen betrachten. Der Kreis kann wirklich sehr groß werden.

In der Frage des Umweltschutzes drängt uns zweifellos die Krise; aber da ist auch noch eine andere Zugkraft. Wir fangen an, die enorme Kreativität, Komplexität und Tiefe der übrigen Welt zu erkennen: die nicht-menschliche, die anders-als-menschliche, die mehr-als-menschliche. Die Großartigkeit und der Zauber der Natur, die Ruhe-die-nicht-Stille-ist der Wildnis, die glitzernden Sterne, Vögel überall, der Kontinent selbst, der auf geschmolzenen Ozeanen aus Stein dahingleitet; und so weiter und so weiter. Es ist leicht gewesen, all das zu übersehen, zu ignorieren, auf diesem Auge blind zu sein, auch wenn es direkt neben uns ist: Und deshalb zerstören wir es auch mit leichter Hand. Die menschliche Ausbeutung der Natur hat uns lange begleitet. Auch sie ist eine Gewohnheit, eine bequeme, normale Art zu leben. Dennoch wird auch sie heute vielleicht fragwürdig. Etwas inzwischen ganz normales wie das Recycling von Dosen im eigenen Keller oder auf CD gespeicherte Walgesänge hätten wir uns vor zwanzig Jahren nicht vorstellen können. Wer weiß, was weitere zwanzig Jahre bringen werden? Vielleicht liegt eine neue Periode von unvorhergesehener ethischer Erweiterung vor uns.

Die Ethik ist also kein abgeschlossenes Buch. Unsere Werte und unsere Umsetzungen dieser Werte haben sich viele Male verändert und werden sich wieder verändern. Der Kreis erweitert sich, und unsere Sympathien und unser dahinterliegendes Verständnis erweitern und vertiefen sich auch. Das ist ein Teil von dem, was die Ethik so schwierig macht – und so aufregend. Bleiben Sie dabei. Und behalten Sie sowohl ein offenes Herz als auch einen offenen Verstand.

Anmerkungen und Kommentare

Die Literaturhinweise des Autors sind für die deutsche Ausgabe ergänzt worden.

zu Kapitel 1: Der Anfang

Die Ansicht, daß Werte im wesentlichen auf Gefühle zurückzuführen sind, wird manchmal „Subjektivismus" genannt. Dieser Ausdruck neigt allerdings dazu, viele verschiedene und sogar sich widersprechende Bedeutungen zu haben, und oft liegt es daran, ob die Person, die diesen Ausdruck verwendet, mit der besprochenen Sichtweise einverstanden ist oder nicht. Nehmen Sie sich damit in acht. Für eine Diskussion und Kritik verschiedenster Bedeutungen von „Subjektivismus" siehe „Ethical Subjectivism" in *The Encyclopedia of Philosophy*, Bd. 3, New York 1997, S. 78–81. Vgl. auch Gilbert Harman, *Das Wesen der Moral. Eine Einführung in die Ethik*, Frankfurt 1981, S. 38–68.

Zu „Dogmatismus" siehe Stephen Pepper, *World Hypotheses*, Berkeley 1942, Kapitel II. Vgl. auch O. Welding, *Fundamenta Ethica*, Stuttgart 1994, II. 7. Ich möchte darauf hinweisen, daß der Dogmatismus sowohl im großen wie auch im kleinen Rahmen möglich ist. Einige Menschen vertreten alle ihre Meinungen dogmatisch, andere nur einige bestimmte, aber in beiden Fällen sind sie bis zu einem gewissen Grad Dogmatisten. Dasselbe gilt für das Rationalisieren. Wahrscheinlich rationalisieren wir alle zumindest von Zeit zu Zeit.

Das Rationalisieren ist vermutlich die gefährlichste Falle in der Ethik (und generell im Leben) und würde in jedem umfassenderen Werk ein eigenes Kapitel verdienen. Für den psychologischen Hintergrund inklusive einiger faszinierender und verblüffender Experimente siehe David Myers, *Social Psychology*, 4th ed. New York 1993, Kapitel 2–4. Für einen nützlichen Überblick über die Selbsttäuschung siehe Mike Martin, *Everyday Morality*, Belmont, CA 1995, Kapitel 6.

Aus verschiedenen Gründen verwende ich die Debatte über andere Tiere als ein Beispiel für das Rationalisieren. Einer der Gründe ist, daß sich viele Studierende bei diesem Thema aufrichtig betroffen und interessiert zeigen, trotz der bei diesem Thema oft üblichen Ungeduld und Ablehnung von seiten etlicher Wissenschaftler und Bürokraten. Die meisten Lehrbücher der Philosophie beinhalten inzwischen eine Diskussion über Tiere und Ethik. Für einen kurzen Überblick über die philosophische Debatte und Kritik aus der Perspektive, die in diesem Buch vertreten wird, siehe mein Buch *Toward Better Problems: New Perspectives on Abortion, Animal Rights, the Environment, and Justice*, Philadelphia 1992, Kapitel 4. Ein weiterer Grund, sich mit diesem Thema zu beschäftigen, ist, daß es ungewöhnlich fruchtbaren Boden für das Rationalisieren zu bieten scheint. Vielleicht sind wir bei Themen, die unser Essen betreffen, besonders empfindlich.

Charakterisierungen des Relativismus gibt es fast so viele wie Autoren, die darüber geschrieben haben. Für einen Überblick siehe „Ethical Relativism", *The Encyclopedia of Philosophy*, Bd. 3, S. 75–78. Vgl. auch Rudolf Ginters, *Relativismus in der Ethik*, Düsseldorf 1978, und Günther Patzig, Relativismus und Objektivität moralischer Normen, in: *Gesammelte Schriften Bd. 1*, Göttingen o. J., S. 9–43, und Peter Kohler, Über Sinnfälligkeit und Grenzen des ethischen Relativismus, in: Fischer / Mode / Schreiner (Hg.), *Worauf kann man sich noch berufen? Dauer und Wandel von Normen in unseren Zeiten,* Archiv für Rechts- und Sozialphilosophie Beiheft 29, Stuttgart 1987, S. 55–71. Eine Art von Relativismus, die im Text nicht erwähnt wird, ist der „Kulturrelativismus", der davon abhängt, welche Werte relativ zur eigenen Gesellschaft sind. Auch diese Sichtweise tritt in verschiedensten Formen auf und bringt verschiedenste Probleme mit sich. Sicherlich stimmt es, daß unsere Werte von sozialen Normen beeinflußt werden. Das heißt nicht, daß sie einfach soziale Normen *sind* (u. a. könnten sonst soziale Normen nicht ethisch kritisiert werden) oder daß sie auf irgendeine Weise nur gesellschaftliche Erfindungen sind, die man als solche entlarven und sodann unbehelligt ignorieren kann (da es möglicherweise gute *Gründe* für soziale Normen gibt).

Meine Antworten auf die Herausforderung des Relativismus sind absichtlich minimalistisch. Ich habe versucht, Antworten anzubieten, denen Philosophen unterschiedlicher Richtungen, deren Ansichten in anderen Fragen stark voneinander abweichen, problemlos folgen können. Zum Beispiel ist es – unabhängig von allem anderen – richtig, daß die meisten ethischen Fragen in der einen oder anderen Weise Themen sind, die die Öffentlichkeit betreffen, so daß man einen intelligenten Weg finden muß, um *gemeinsam* damit umzugehen. Die philosophische Ethik kann die Antwort von diesem Ausgangspunkt aus in verschiedene Richtungen weiterentwickeln.

In vielen Fällen wird der Relativismus in bezug auf Themen, die (scheinbar) nur das Individuum betreffen, plausibler wirken. Dazu gehören einige der Themen, die heute mit Leidenschaft diskutiert werden, wie sexuelle Vorlieben, Pornographie und Selbstmord. Als Gegenargument läßt sich anführen, daß einige dieser Aktivitäten – wie zum Beispiel, Pornographie anzusehen – sehr wohl andere Menschen betreffen bzw. in Gefahr bringen. Andere ethische Theorien werfen andere Probleme auf, auch wenn man sich darauf einigen kann, daß das jeweilige Verhalten nur eine einzelne Person betrifft. Der potentielle Relativist muß sich zumindest mit diesen Argumenten auseinandersetzen. „Kümmere dich um deine eigenen Angelegenheiten" mag in manchen Fragen ein angemessener Standpunkt sein, besonders in einer Gesellschaft, die sich Toleranz und Vielfältigkeit auf ihre Fahnen geschrieben hat. Trotzdem muß bei jedem einzelnen Thema die Angemessenheit einer relativistischen Position erst *gezeigt* werden. Andere Argumente müssen – um es noch einmal zu sagen – berücksichtigt werden. Tatsächlich ist dies die Moral der ganzen Geschichte: Argumente müssen *immer* berücksichtigt werden!

zu Kapitel 2: Selbständig denken

Die Ratsuche bei Autoritäten ist für die philosophische Ethik schon lange ein Thema gewesen, angefangen mit Platos *Euthyphron* (in vielen Ausgaben erhältlich, in Gesamtausgaben von Platos Werk und in Einzelausgaben wie z.B. Otto Leggewie [Hg.], Stuttgart 1978). Plato analysiert hier sorgfältig das Verhältnis zwischen dem Guten und den Göttern, und argumentiert, daß ein unabhängiges Urteil über die Werte unabdingbar ist, sogar innerhalb der religiösen Ethik. Für einen zeitgenössischen Kommentar zu Platos Auseinandersetzung, siehe James Rachels, *The Elements of Moral Philosophy*, New York 1993, Kapitel 4. Vgl. auch Alasdair MacIntyre, *Geschichte der Ethik im Überblick.*

Vom Zeitalter Homers bis zum 20. Jahrhundert. Meisenheim 1984, S. 22–58

Daß ein unabhängiges Urteil notwendig ist – daß es tatsächlich absolut unvermeidlich ist – ist auch eine modernes Thema. Im Existentialismus ist es beispielsweise von entscheidender Bedeutung. Eine gründliche und einnehmende philosophische Einführung zu diesem Thema im Existentialismus (und seiner Geschichte, zurückverfolgt bis hin zu Nietzsche und Kant) ist Frederick Olafson, *Principles and Persons*, Baltimore 1967. Siehe auch: Peter Kampits, Existentialistische Ethik, in: Annemarie Pieper (Hg.), *Geschichte der neueren Ethik, Bd. 2*, Tübingen/Basel 1992, S. 173–193, und Helmut Fahrenbach, *Existenzphilosophie und Ethik*, Frankfurt 1970. Außer mit Sartre (auf den Seiten 132–168) beschäftigt Fahrenbach sich mit Kierkegaard, Nietzsche, Jaspers und Heidegger. Joseph Fletcher stellt mit *Situation Ethik*, Philadelphia 1974, eine einflußreiche Kritik gegen die Berufung auf Regeln dar, vor allem in der Religionsethik, wo er dies als „Legalismus" bezeichnet.

Dursis Bericht von dem Massaker in My Lai wird zitiert bei Howard Zinn, *A People's History of the United States*, New York 1980, S. 469.

So interpretiert der Prophet Ezechiel die Sünde von Sodom: „Die Schuld deiner Schwester Sodom war, daß sie und ihre Töchter hochmütig waren, daß sie in Überfluß zu essen hatten und in sorgloser Ruhe dahinlebten, ohne den Elenden und Armen zu helfen." (Ezechiel 16:49)

Zu Gottes Bereitschaft, sich von menschlichen Argumenten überzeugen zu lassen, siehe auch Exodus 32:1–15, wo Moses nach dem Vorfall mit dem goldenen Kalb Gott davon abbringt, Israel zu zerstören. Hier diskutiert Moses mit

Gott fast wie mit einem Gleichgestellten. Und die Bibel sagt ausdrücklich, daß als Ergebnis davon „sich der Herr das Böse reuen [ließ], das er seinem Volk angedroht hatte".

Bei Levitikus wird (männlicher) homosexueller Verkehr in der Tat explizit verurteilt (20:13). Ebenso explizit verurteilt Levitikus aber auch eine beachtlich große Zahl anderer Aktivitäten, wie aus verschiedenen Stoffen gewebte Kleider zu tragen (19:19), den Bart zu stutzen (19:27), Schweinefleisch zu essen (11:7) und Felder bis zum äußersten Rand hin abzuernten (19:9-10). Wenige Leute nehmen irgendwelche dieser anderen Vorschriften ernst. Offensichtlich picken wir hier wieder einzelne Regeln heraus. Nicht einmal eine ausdrückliche Verurteilung in der Bibel ist der Weisheit letzter Schluß.

Kants Sichtweise der Gesetze ist zu finden in „Ueber ein vermeintes Recht, aus Menschenliebe zu lügen", in *Kleinere Schriften zur Ethik und Religionsphilosophie* (Hg. v. J. H. v. Kirchmann, Leipzig 1902). Für eine Weiterentwicklung der im Text ausgeführten Kritik siehe Rachels, Kapitel 9. Vgl. auch Welding, II.7. Ich möchte anmerken, daß ich, indem ich Kants Extremismus ablehne, dies nicht einfach mit einem Konsequenzdenken gleichsetze. Auch moderne Kantianer lehnen Kants Einstellung zu Gesetzen ab. Für eine Diskussion über genau diese Frage siehe Onora Nell, *Acting on Principle*, New York 1975, S. 133–136. Der Punkt ist nur, daß in einer gewissen Weise auch andere Werte neben Ehrlichkeit zählen – aber *wie* sie zählen, ist immer noch eine offene Frage.

Das Zitat von Sartre stammt aus „Ist der Existentialismus ein Humanismus?" in *Drei Essays*, Berlin 1960, S. 18. Bryan Norton erzählt von seinem Bruder in *Toward Unity among Environmentalists*, New York 1992, S. 238.

zu Kapitel 3: Das beste Problem finden

Das „Falsche Dilemma" ist eine klassische Falle in der nicht-formalen Logik. Sie wird in vielen Lehrbüchern der nicht-formalen Logik gut brauchbar dargestellt und erklärt, wie z.B. Howard Kahane, *Logic and Contemporary Rhetoric*, Belmont, CA o. J. Siehe auch: Wilhelm Vossenkuhl, Vernünftige Wahl, rationale Dilemmas und moralische Konflikte, in: Martin Holli und Wilhelm Vossenkuhl (Hg.), *Moralische Entscheidung und rationale Wahl*, München 1992, S. 153–173.

Die kreativen Methoden, um neue Möglichkeiten zu finden, sind ebenfalls oft diskutiert worden, aber der größte Teil der Diskussion findet in Büchern statt, die den Philosophen nicht vertraut sind, wie in der Literatur über Problemlösung in Management und Planung. Für eine weitgefaßte Einleitung über Problemlösungsverfahren siehe Marvin Levine, *Effective Problem Solving*, Englewood Cliffs, NJ 1988 und die vielen Werke von Edward de Bono, wie etwa *Laterales Denken: ein Kurs zur Erschließung Ihrer Kreativitätsreserven*, Reinbek bei Hamburg 1972.

De Bono beschreibt, was er „PO thinking" (PO-Denken) nennt. PO für hyPOthesis (Hypothese), POssible (möglich), POetry (Poesie) und kurz für „Provocative Operation" („provokative Operation"). Das Gegenteil von PO ist NO wie in „No way!" (Niemals!) Wenn wir, mit einem Dilemma konfrontiert, „No way!" sagen, denken wir, daß es keinen Ausweg gibt. De Bono hält uns statt dessen an, „PO way!" zu sagen: vielleicht gibt es Auswege. Methoden wie das *Brainstorming* und die freie Assoziation sind genau dazu gedacht, „provokative Operationen" zu sein, mit dem Ziel, diese Wege zu finden.

Wie ich im Text sage, kann man das Heinz-Dilemma oder andere Beispiele sicherlich so umschreiben, daß man alle anderen Möglichkeiten ausschließt, bevor sie aufkommen, so daß Heinz schließlich – genau wie Sartres junger Mann – „nur wählen" muß. Wenn es Ihr Ziel ist, nur die Kollision verschiedener ethischer Theorien zu demonstrieren, scheint dies die gegebene Methode zu sein, so daß der Versuch, neue Möglichkeiten zu finden, tatsächlich die Dinge nur komplizieren würde, oder sogar am eigentlichen Kern der Sache vorbeigeht. Und der Text betont auch, daß es selbstverständlich Fälle *gibt,* in denen die Wahl wirklich schwerfällt.

Nichtsdestotrotz gibt es oft auch andere Möglichkeiten. Aus einer praktischen Sichtweise helfen schon einige wenige Fertigkeiten in Problemlösungsverfahren. Wir brauchen den Ansporn, nach anderen Wegen zu suchen, um zu vermeiden, uns selbst in wenig aussichtsreiche Lagen hineinzumanövrieren.

Von einem philosophischen Standpunkt aus gesehen, bringt die Möglichkeit, ethische Probleme kreativ neu zu durchdenken, außerdem die Frage nach der eigentlichen Natur ethischer Probleme auf. Wenn ethische Probleme wie Puzzles klar abgegrenzt und definiert sind, dann geht der Versuch, das Problem neu zu fassen, am eigentlichen Kern der Sache vorbei. Die Probleme existieren, um gelöst zu werden. Der Philosoph John Dewey argumentiert, daß ethische Probleme eher wie große, vage Spannungsfelder sind, ganz und gar nicht klar abgegrenzt und definiert. Eine „Lösung" kann man eigentlich gar nicht erwarten. Ethische Probleme sind auch, aus demselben Grund, Möglichkeitsfelder. Sich konstruktiv mit dem Problem auseinanderzusetzen, zu versuchen, es in etwas zu verwandeln, mit dem man besser umgehen kann, ist die intelligenteste Antwort – oft die einzige intelligente Antwort.

Lassen Sie mich dies in anderen Worten sagen. Das Heinz-Dilemma und verwandte Fälle stellen sich selbst als „das wahre Leben" dar. Das ist der Grund, warum die Kollision ethischer Theorien, den sie für gewöhnlich demonstrieren, für so wichtig gehalten wird. Aber besteht das wahre Leben wirklich aus Dilemmas? Ist der Zusammenstoß ethischer Theorien so entscheidend wichtig? Wir sollten uns zumindest umschauen und umhören. Wir stellen die Frage auf eine nicht erwiesene Grundlage, wenn wir einfach annehmen, daß dieses oder irgendein anderes ethisches Problem ein Dilemma ist, und schneidern deshalb alle unsere Beispiele so zurecht, daß sie Dilemmas zu sein scheinen. Wenn es uns gelingt zu vermeiden, die Fragen auf nicht begründeten Annahmen aufzubauen, denke ich, daß es ziemlich klar ist, daß unsere schwierigsten ethischen Probleme oft vielmehr – in Deweys Worten – „problematische Situationen" und keine Puzzles sind.

Für eine weitere Auseinandersetzung mit diesen Fragen und ein erweitertes Argument für den letzten Punkt siehe mein Buch *Toward Better Problems*, Philadelphia 1992. Für Deweys Sichtweise siehe James Gouinlocks Sammlung *The Moral Writings of John Dewey*, New York 1976. Die deutschen Ausgaben von Deweys Werken sind mehrheitlich bei Suhrkamp erschienen *(Die Suche nach Gewißheit. Eine Untersuchung des Verhältnisses von Erkenntnis und Handeln*, Frankfurt 1998). Philosophisch Interessierte sollten außerdem die vielen anregenden feministischen Ansätze erkunden, die sich im 4. Band von *Hypatia* (1989) mit feministischer medizinischer Ethik befassen. Siehe auch meinen Artikel „Toward a Social Critique of Bioethics", *Journal of Social Philosophy* 12, 1991, S. 109–118.

Die Athanasius-Geschichte stammt aus Peter Geach, *The Virtues*, Cambridge 1977 S. 114.

Das Sartre-Zitat findet sich in „Ist der Existentialismus ein Humanismus?" in *Drei Essays*, Berlin 1960, S. 17 ff.

Das Heinz-Dilemma ist zitiert aus Lawrence Kohlberg, „Stage and Sequence: the Cognitive-Developmental Approach to Socialization" in D. A. Goslin (Hg.), *Handbook of Socialization Theory and Research*, Chicago 1969, S. 379. Für eine Kritik von Kohlbergs Folgerungen, siehe Carol Gilligan, *Die andere Stimme: Lebenskonflikte und Moral der Frau*, München 1960. Es gibt eine erweiterte Diskussion der Kohlberg-Gilligan-Debatte in Eva Kittay und Diana Meyers (Hg.), *Women and Moral Theory*, Towota, NJ 1986.

Überraschenderweise wurden Kinder in Kohlbergs Studien als moralisch „unreif" bewertet, wenn sie anfingen, sich mit anderen Möglichkeiten für Heinz zu beschäftigen. Die Forscher schlossen daraus, daß diese Kinder das Dilemma nicht verstanden. Tatsächlich denke ich, daß sie es besser verstanden als die Forscher selbst. Sie verstanden es als falsches Dilemma, und eben das ist es.

Der Ausdruck „Präventive Ethik" („preventive ethics") stammt von Virginia Warren, siehe ihr Essay „Feminist Directions in Medical Ethics", *Hypatia* 4, 1989, S. 73–78, und meine Auseinandersetzung in *Toward Better Problems*, S. vii–viii, 24–28 und 183.

Über das „Verpfeifen" von Mißständen siehe eine beliebige neuere Anthologie der Arbeitsethik, wie z.B. Tom Beauchamp und Norman Bowie (Hg.) *Ethical Theory and Business*, Englewood Cliffs, NJ 1993, Kapitel 5. Über das „Abschalten der Geräte" (Sterbehilfe) siehe eine beliebige neuere Anthologie über Medizinethik oder Fallbeschreibungen wie z.B. Thomas Mappes und Jane Zembaty (Hg.), *Biomedical Ethics*, New York 1987. Vgl. auch Robert Spaemann / Thomas Fuchs (Hg.), *Töten oder sterben lassen?*, Freiburg 1997.

Mehr über mögliche Hilfsprogramme in der Abtreibungs-debatte ist zu finden in meinem Buch *Toward Better Problems*, S. 60–68. Die auf den Seiten 65/66 angegebenen Zahlen über die Verwendung von Verhütungsmitteln stammen aus Natalie Angier, „Future of the Pill May Lie Just Over the Counter", *New York Times*, 8.8.1993, S. E5. Derselbe Artikel berichtet, daß jedes Jahr zwei Drittel aller Schwangerschaften in den USA unbeabsichtigt sind. Die Hälfte von ihnen endet in Abtreibungen. Die Zahlen über die soziale, berufliche und Ausbildungssituation amerikanischer Frauen, die sich für eine Abtreibung entscheiden wollen, stammen von Rosalind Petchesky, „Abortion Politics in the 90s" *The Nation* 250:1 (28.5.1990), S. 732. Über den Wisconsinschen Gesetzesentwurf, der auf Seite 67 erwähnt wird, siehe Beth Maschinot, „Compromising Positions", In *These Times* 10:3 (20.–26.11.1985), S. 4.

zu Kapitel 4: Wenn Werte sich widersprechen

Über die notwendige Komplexität ethischer Themen siehe mein Buch *Toward Better Problems*, Philadelphia 1992, Kapitel 2. Für eine vielschichtige und zwingende Verteidigung des Pluralismus in unserem ethischen Leben, siehe Michael Walzer, *Sphären der Gerechtigkeit: ein Plädoyer für Pluralität und Gleichheit,* Frankfurt 1998. Christopher Stones *Earth and other Ethics,* New York 1987, ist eine weitere Verteidigung des Pluralismus – insbesondere der Notwendigkeit integrativer Strategien – in der Ethik. Ähnlich hat auch der Philosoph Martin Benjamin ein nützliches Buch über den Kompromiß in der Ethik geschrieben: *Splitting the Difference,* Lawrence 1990. Aufgrund der gegebenen Pluralität der Werte, so Benjamin, seien „Integritäts-bewahrende Kompromisse" in der Ethik nicht nur möglich, sondern manchmal sogar notwendig.

Über die Abtreibung im besonderen, siehe *Toward Better Problems*, S. 39–53. Eine aufschlußreiche sozial-historische Studie über die Abtreibungsdebatte ist Kristin Luker, *Abortion and the Politics of Motherhood*, Berkeley 1984.

Das Zitat von Dewey stammt aus seinem Essay „The Construction of Good" im Kapitel 10 seines Buches *Die Suche nach Gewißheit*, Frankfurt 1998. Das allgemeine Thema der Integration ist ganz und gar Deweys, wie Gouinlocks Sammlung deutlich macht.

Das Zitat von Stephen Covey stammt aus seinem Buch *Die sieben Wege zur Effektivität*, Frankfurt 1995.

Zum Thema integrativer Strategien ist interessante sozial-psychologische Literatur zu finden, die zum Teil vorschlägt, daß polarisierte Konkurrenzkämpfe schon allein durch die Rekonzeptualisierung der jeweiligen Themen als Probleme, die in einer kooperativen, beiderseits zu akzeptierenden Weise zu lösen sind, entschärft werden können. Die Ergebnisse sind sichtbar besser für alle, selbst wenn sie völlig eigennützig beurteilt werden. Siehe Dean Pruitt und Steven Lewis, „The Psychology of Integrative Bargaining" in Daniel Druckman (Hg.), *Negotiation: A Social-Psychological Perspective*, London 1977.

Das *Time*-Titelbild „Owl versus Man" erschien am 25. 6. 1990. Für einen Hintergrund über die integrative Herangehensweise, die im Text vorgeschlagen wird, siehe den begleitenden Artikel (der interessanterweise ganz und gar nicht so polarisiert ist, wie das Titelbild nahelegt) und John B. Judis „Ancient Forests, Lost Jobs" in *These Times* 14:31 (1.–14. 8. 1990) Eine gründliche Studie, die zu dem Schluß kommt, daß Umweltbewußtsein und wirtschaftliche Prosperität sich nicht widersprechen müssen – daß sie tatsächlich zusammenwirken können – ist Stephen Meyer, *Environmentalism and Economic Prosperity*, Cambridge, MA 1992.

Wie ich im Text sage, möchte ich nicht behaupten, daß relativ glückliche, integrative Lösungen immer möglich sind. Nichts garantiert, daß mehrere gute Dinge immer miteinander in Einklang gebracht werden können. Tatsächlich ist es durch die sehr verschiedenartige Herkunft unser Werte fast sicher, daß dies nicht möglich ist. Manche Entscheidungen sind tragisch. Andere sind zumindest schwer.

Dennoch rechtfertigen diese unbestreitbaren Tatsachen nicht die Kürze, in der die integrativen Methoden in der Ethik für gewöhnlich abgefertigt werden. Manchmal mag es so sein, daß angesichts widerstreitender Werte eine Seite zu wählen das beste ist, was wir tun können. Allerdings sollten wir selbst hier unsere Aufgabe nicht in der Wahl zwischen dem „richtigen" und dem „falschen" Weg sehen. Statt dessen müssen wir versuchen, den *größeren* Nutzen zu wählen. Einen *besseren* Weg, nicht den „richtigen". In dem Fall „Eule oder Mensch" sollten wir zum Beispiel, selbst wenn wir wirklich eine Seite zu wählen haben, nicht fragen, welche Seite im Recht ist, sondern welche Entscheidung besser ist. Umweltschützer könnten zum Beispiel argumentieren, daß die Erhaltung von Arbeitsplätzen zwar wichtig ist, demgegenüber aber das nackte Überleben der Eulen in Gefahr ist: Für die Eulen geht es um Leben oder Tod, nicht aber für die Holzfäller. Außerdem ist der ursprüngliche Wald fast schon ganz verschwunden, so daß eine gewisse Umstellung für die Holzfäller so oder so unumgänglich ist. In dieser Weise ausgedrückt, polarisiert das Argument der Umweltschützer die Werte nicht. Es ist nur ein Vergleich. Einige weitere Jahre relativer Stabilität für die Holzfäller sind wichtig, aber nicht so wichtig wie die vermutlich dadurch herbeigeführte Ausrottung von Arten und die Zerstörung eines wertvollen Ökosystems für eine lange Zeit.

Es mag so scheinen, als würde diese Art des Denkens die Konflikte nur verlegen, aber nichts tun, um sie zu lösen. Wie können wir schließlich und endlich sagen, was der größere Nutzen ist? Ich denke jedoch, daß es eine radikale Verbesserung ist, die Vorzüge der widerstreitenden Standpunkte abzuwiegen, statt alle bis auf einen als falsch abzutun. Außerdem – und dies ist der eigentliche Punkt – ist der natürliche nächste Schritt, eine Alternative zu suchen, die das Beste beider Standpunkte vereinbart: das heißt, nach Kompromissen oder kreativen Wegen jenseits der Kompromisse zu suchen. Die Werte zu polarisieren, führt im Gegensatz dazu nur zu einer größeren Verhärtung und weiterem Konflikt.

In diesem Kontext betrachtet, besteht die große Anziehungskraft der ethischen Theorie in ihrem integrativen Charakter. Das Ziel ist nicht nur, die Werte zu harmonisieren, sondern sie tatsächlich unter einer einzigen Überschrift zu vereinen. Die widerstreitenden Werte spielen schließlich alle ihre Rolle in einem einzigen, verbindenden Netzwerk von Überlegungen, die schließlich alle von einigen wenigen (oder idealerweise einem einzigen) Grundprinzipien abgeleitet werden. Offensichtliche Konflikte auf einer Ebene können sodann (zumindest im „Prinzip") durch einen Verweis auf die grundlegenderen Prinzipien gelöst werden, von denen man annimmt, daß die widerstreitenden Werte selbst daraus entstanden sind. In dieser Weise betrachtet, ist die theoretische Strategie maximal integrativ oder hofft zumindest, es zu sein.

Es gibt zum Beispiel eine weitverbreitete Theorie, die das Glück (Freude, Zufriedenheit, Wohlergehen, eine positive seelische Verfassung) zu ihrem hauptsächlichen Anliegen gemacht hat und sich darauf konzentriert, das Glück zu vermehren oder zu maximieren, sowohl durch die Vermehrung positiver als auch durch die Verringerung negativer Empfindungen, z. B. des Leidens. Ihr Hauptprinzip ist das geläufige „den größten Nutzen für die größte Zahl von Personen zu erreichen", wobei „Nutzen" für Glück steht. Diese Theorie wird Utilitarismus genannt.

Wenn Sie an ein Thema wie „Eule oder Mensch" herangehen, versuchen Ultilitaristen auszurechnen, wieviel Glück und Leid auf jeder Seite auf dem Spiel stehen. Utilitaristen würden uns die Anweisung geben, unsere positiven Erfahrungen mit Eulen und Wäldern (oder einfach mit dem Wissen darum) gegen die negativen Erfahrungen abzuwiegen, die einigen Holzfällern durch den Verlust des Lebensunterhaltes und des unternehmerischen Profits drohen. Das ist nicht unbedingt einfach, aber es ist auch nicht unmöglich: Es ist eine Methode, die in der politischen Praxis häufig Anwendung findet, obwohl sie immer noch umstritten ist. Ihr großer Vorteil, so der ethische Theoretiker, ist, daß wir zumindest ein gemeinsames Maß haben, eine gewisse Einheit der Werte als grundsätzlichen Bezugspunkt.

Das Hauptanliegen einer anderen Theorie ist der *Respekt*. Dementsprechend besitzen Menschen (und möglicherweise andere Lebewesen und/oder einige Institutionen) eine grundlegende Würde, einen grundsätzlichen Wert, dem wir mit Respekt begegnen müssen. Dies wird oft in bezug auf die Rechte ausgedrückt: Man sagt, daß wir Rechte haben – wie das Leben, die Freiheit, das Streben nach Glück –, die andere nicht verletzen dürfen. Diese Theorie wird oft „deontologisch" genannt.

Wenn man an ein Thema wie das der Abtreibung herangeht, würden Deontologen zum Beispiel über die Basis der verschiedenen in Konflikt liegenden Rechte nachdenken. Hat der Fötus zum Beispiel ein Recht zu leben, und wenn ja, auf welcher Basis? Einige Menschen argumentieren, daß der Fötus in Anbetracht seiner zukünftigen Persönlichkeit ein Recht zu leben hat. Andere argumentieren, daß er das nicht hat, in Anbetracht der Tatsache, daß wir Rechte in jedem Fall nur auf der Basis *bereits gegenwärtiger* Fähigkeiten und Interessen zuschreiben. Es gibt komplizierte und subtile Argumente für beide Seiten.

Die klassische Darstellung des Utilitarismus ist John Stuart Mills *Der Utilitarismus,* welches in vielen Ausgaben erhältlich ist, z.B. bei Reclam Stuttgart, 1994. Die klassische Darlegung einer deontologischen Sichtweise ist Immanuel Kants *Grundlegung zur Metaphysik der Sitten,* ebenfalls in vielen Ausgaben erhältlich (Hamburg 1994). Vgl. dazu Franz Furger, *Was Ethik begründet,* Zürich/Köln 1984. Eine recht andere, auf Erfahrung begründete Annäherung an den Respekt für andere ist Martin Bubers *Ich und du* (Stuttgart 1995). Außer den genannten gibt es viele andere Theorien und Typen von Theorien. Die meisten Einführungslehrbücher bieten einen repräsentativen Überblick.

Eine theoretische Geschlossenheit hat intellektuell und auch praktisch einige Anziehungskraft. Sie könnte bei der Lösung vieler Probleme helfen. Das Abtreibungsthema in bezug auf die Rechte zu überdenken, mag uns zum Beispiel helfen, uns darüber klar zu werden, welche Überlegungen am zwingendsten sind. Eine Theorie der Rechte beinhaltet normalerweise eine festgelegte Rangliste der Rechte, oder setzt Maßgaben für Rechte fest, die vielleicht nicht alle am Konflikt beteiligten Parteien erfüllen. Obwohl die Frage, wie man die Werteordnungen oder Maßgaben anwendet, immer noch Raum für Auseinandersetzung bietet, gibt es zumindest einen festen Rahmen, innerhalb dessen man sich bewegen kann.

Die Theorien können uns auch zu neuen ethischen Standpunkten führen, indem sie die Parallelen aufzeigen zwischen ethischen Urteilen, die wir bereits akzeptieren, und anderen, die zu akzeptieren uns die Theorie vorschlägt. Dies ist zum Beispiel eine übliche Strategie in Auseinandersetzungen um die Rechte der Tiere. Das Argument geht so vor, daß es sagt, daß manche Tiere in bezug auf das, was die Grundlage für ihre Rechte ausmacht, sich nicht sehr stark vom Menschen unterscheiden. Sie sagen, daß auch Affen Rechte haben müssen, wenn menschliche Kinder sie haben.

Außerdem mag eine Theorie durch ihre schiere Schönheit überzeugen. Sicherlich ist es keine Kleinigkeit aufzuzeigen, wie alle unsere Werte zusammenhängen. Hinter der sichtbaren Vielfältigkeit und dem Chaos versteckt sich vielleicht eine klare und überraschende Ordnung. Eine solche Ordnung zu finden, kann wie eine Offenbarung sein.

Wir sollten jedoch mit einer Aufforderung zur Vorsicht schließen. Obwohl Theorien in ihrer besten Ausformung sehr integrativ sein können, neigt die Theorie in der Praxis zur entgegengesetzten Seite. Viele Menschen fühlen sich von einer Theorie angezogen, um damit ihre Lieblingswerte rechtfertigen und die widerstreitenden Werte als gänzlich unzulässig abweisen zu können. In diesem Fall werden polarisierte Werte von der praktischen Ebene nur in eine formalere, abstraktere und daher tiefergehende und widerstandsfähigere Form gebracht. Für eine ernüchternde Beschreibung diese Prozesses, wie er in der Medizinethik funktioniert, siehe Richard Zaner, *Ethics and the Clinical Encounter*, Englewood Cliffs, NJ 1988, Kapitel 1.

Die Hinwendung zur ethischen Theorie als solcher wird selten verteidigt. Dies liegt vielleicht daran, daß für viele

Philosophen die Philosophie selbst praktisch identisch mit dem theoretischen Projekt ist, so daß die Idee, eine philosophische Handlungsweise in der Philosophie zu verteidigen, fast nie aufkommt. Außerdem ist die beste Verteidigung eines theoretischen Projekts vermutlich einfach eine gute Theorie („Sehen Sie, es ist zu machen!"), so daß die meiste Energie auch weiterhin in die Ausarbeitung und Verteidigung der (wie wir hoffen) besseren Theorien fließt. Dennoch haben Kritiker, die die Hinwendung zur Theorie in Frage stellen, viel zu beanstanden. Albert Jonsen und Stephen Toulmin haben gezeigt, daß es neben der theoretischen Herangehensweise andere Wege gibt, Werte zu systematisieren und vernünftig über sie zu diskutieren (*The Abuse of Casuistry*, Berkeley 1988). Bernard Williams hat argumentiert, daß es keinen Grund gibt anzunehmen, daß die „Wahrheit" in der Ethik, falls es so etwas überhaupt gibt, einfach genug ist, daß eine Theorie sie erfassen könnte: siehe sein Buch mit dem treffenden Titel *Ethics and Limits of Philosophy* (Cambrigde, MA 1985; vgl. *Der Wert der Wahrheit*, 1997). Kapitel 4 von Benjamins Buch (s. o.) ist in bezug auf diesen Punkt ebenfalls gut. Feministische Autorinnen haben argumentiert, daß die theoretische Ethik dazu führt, daß wir den Reichtum und die Vielfältigkeit der realen Werte aus den Augen verlieren: siehe die Essays in Eva F. Kittay und Diana Meyers, *Women and Moral Theory* Towota, NJ 1986 und Margaret Walker, „Moral Understandings", *Hypatia* 4 (1989), S. 15–28. Mein Buch *Toward Better Problems* warnt, daß die theoretische Herangehensweise dazu neigt, nicht-theoretische Arten der Beschäftigung und Problemlösung abzublocken.

Von einem praktischen Gesichtspunkt aus gesehen, denke ich, daß die beste Herangehensweise an ethische Theorien selbst integrativ ist. Das heißt, man sollte, wenn man mit widerstreitenden Theorien konfrontiert ist, genau wie wenn man mit widerstreitenden Werten konfrontiert ist, nicht fragen, welche Theorie recht hat, sondern *in bezug worauf* jede Theorie recht hat. Jede von ihnen mag helfen, bestimmte Aspekte einer Problemsituation zu erhellen, Aspekte eingeschlossen, die sonst vielleicht übersehen worden wären. Jede von ihnen mag eine besonders gute Möglichkeit bieten, einige zur Debatte stehende Werte zu artikulieren. Lassen Sie uns die Theorien für diesen Zweck zu Rate ziehen. Wenn die Schrauben jedoch fester angezogen werden, und wenn uns gesagt wird, daß wir über ethische Werte nur mit Hilfe der einen oder anderen Theorie nachdenken können, ist es Zeit, den anderen Werten, die vermutlich unter den Tisch gekehrt worden sind, mehr Aufmerksamkeit zu zollen. Es gibt keinen Grund, eine Geschlossenheit zu erzwingen, und wie ich mich bemüht habe zu zeigen, hängt eine effektive und kreative Problemlösung in keinster Weise davon ab.

zu Kapitel 5: Ethik mit dem Herzen

Die Zitate von Josiah Royce finden sich in *The Religious Aspect of Philosophy,* Boston 1885, S. 157–162. Für ein Weiterlesen in diesem Sinne, versuchen Sie es mit dem schwierigeren aber auch suggestiveren Martin Buber, *Ich und du* (Stuttgart 1995).

Über stereotypisierende sexuelle Sprache, siehe Robert Baker, „,Chicks' and ,Pricks': A Plea for Persons", in Robert Baker und Frederick Elliston (Hg.), *Philosophy and Sex,* Buffalo, NY 1975. Das Zitat von Frederick Douglass auf Seite 90 stammt aus seiner Rede „The Claims of the Negro Ethnologically Considered" in *The Frederick Douglass Papers,* Series 1, vol. 2 New Haven, CT 1982, S. 507. Eine deutsche Ausgabe ist erschienen unter dem Titel *Das Leben*

*des Frederick Douglass als Sklave in Amerika von ihm
selbst erzählt*, Göttingen, 1991.

Mehr über „self-fulfilling prophecies" in der Ethik, siehe
mein Essay „Self-Validating Reduction: Toward a Theory of
the Devaluation of Nature", *Environmental Ethics* 18 (1996),
S. 115–132, und mein Buch *Back to Earth: Tomorrows
Environmentalism*, Philadelphia 1994, S. 94–105.

Über das Vorurteil im allgemeinen, siehe Gordon Allports
Klassiker *Die Natur des Vorurteils*, Köln 1971. Jean-Paul
Sartre analysiert in *Betrachtung zur Judenfrage: Psycho-
analyse des Antisemitismus*, Zürich 1948 die besondere
Psychologie des Vorurteils gegen Juden in einer Weise, die
eine auffallende und weite Resonanz fand.

Der Bericht über die Begegnung mit einer obdachlosen Frau
an der Penn Station war eine anonyme Antwort auf eine
Hausaufgabe in einem meiner Ethikkurse über Bubers *Ich
und du*. Für einen eindringlichen Bericht mit einer ähn-
lichen Tendenz, der die Befreiung aus dem rassistischen
Denkgebäude eines früheren Ku-Klux-Klan-Mitglieds beschreibt, lesen Sie das Interview mit C. P. Ellis in Studs Ter-
kels Buch *American Dreams: Lost and Found*, New York
1980. Der Bericht über die Exhäftlinge im Altenheim ist
eine der vielen Geschichten in Ram Dass und Paul Gor-
mans wunderbarem Buch *Wie kann ich helfen?: Segen und
Prüfung mitmenschlicher Zuwendung*, Berlin 1994.

Bei dem Thema der Selbstbezogenheit sind eine Vielzahl
von Herangehensweisen möglich. Einige Moralphilosophen
definieren die Ethik so, daß sie der Definition nach dem
Egoismus entgegengesetzt ist. In der *Grundlegung zur
Metaphysik der Sitten* argumentierte Kant, daß die Ethik
Unparteilichkeit nötig machte, im Gegensatz zur üblichen
Parteilichkeit für uns selbst. David Hume argumentierte im

Gegensatz dazu, daß der Egoismus ein ganz und gar unvollständiges Bild der menschlichen Natur darstelle, und daher durch den Appell an Kameradschaftsgefühle und Sympathie leicht zu überwinden sei. Siehe seine *Untersuchung über die Prinzipien der Moral* (hg. v. G. Streminger, Stuttgart 1996), Teil V und Anhang II. Ich stimme mit Hume überein, und in seinem Kapitel I geht es mir in erster Linie um die psychologischen und sozialen Faktoren, die dazu tendieren, das abzublocken, was Hume die Generalisierung unserer Sympathien nennen würde. Allerdings ist diese Herangehensweise mit Kants Standpunkt nicht völlig unvereinbar. Kant würde sie aus der eigentlichen Ethik herausnehmen, aber es bleibt dennoch nicht weniger zwingend eine praktische Frage.

Eine andere, recht verschiedene Antwort auf das Problem des Egoismus ist die „No-Self"-Philosophie bestimmter östlicher Denkweisen, insbesondere des Zen-Buddhismus. Siehe Shunryu Suzuki, *Zen-Geist – Anfänger-Geist,* Berlin 1997. Eine schöne Anwendung des Zen-Denkens auf Alltagssituation aus dem Leben von College-Studenten ist Inge Bell, *This Book Is Not Required,* Fort Bragg, CA 1991.

Das Bild des expandierenden ethischen Kreises wurde von Peter Singer in einem Buch desselben Titels benutzt: *The Expanding Circle,* New York 1981, S. 111–124. Singers Buch *Animal Liberation, die Befreiung der Tiere,* Reinbek bei Hamburg 1996, und Tom Regans *The Case for Animal Rights,* Berkeley 1983, sind die klassischen philosophischen Abhandlungen, die den ethischen Status anderer Tiere verteidigen. Regan fußt auf der Rechtstheorie, Singer auf dem Utilitarismus. Für einen gut strukturierten und weniger theoretischen ethischen Zugang zu anderen Tieren, siehe Mary Midgleys Arbeiten, zum Beispiel *Animals and Why They Matter,* Athens, GA 1983.

Das Zitat von Regan auf S. 98 stammt aus einem unveröffentlichten Essay mit dem Titel „Patterns of Resistance: The Struggle for Freedom and Equality in America", mit freundlicher Genehmigung zitiert.

Die klassische Quelle über die Ausweitung der Ethik auf die gesamte Ökosphäre ist Aldo Leopold, *Am Anfang war die Erde. Plädoyer zur Umweltethik*, Berlin 1992. Der Anfang des letzten Essays in diesem Buch „The Land Ethic" verwendet ebenfalls das Bild eines expandierenden Kreises. Es gibt eine Reihe guter zeitgenössischer Anthologien über die Umweltethik, wie zum Beispiel Christine Pierce and Donald Vandeveer (Hg.), *People, Penguins and Plastic Trees*, Belmont, CA 1995, und Susan Armstrong und Richard Botzler (Hg.), *Environmental Ethics*, New York 1993. Mein Buch *Back to Earth*, weiter oben angeführt, bietet einen erfahrungsorientierten Zugang zu den expandierenden Kreisen.

Literatur zum Weiterlesen
ausgewählt von Vittorio Hösle

Da Weston vor allem englischsprachige Literatur zitiert, werden deutsche Leser und Leserinnen es begrüßen, wenn einige neuere deutsche Werke zur Ethik angegeben werden. Außer Hans Jonas, der 1993 verstarb, dessen ethisches Hauptwerk aber erst spät erschien und heute weiterhin zu den meistdiskutierten Ansätzen der Gegenwartsethik gehört, sind alle Autoren noch am Leben. Die angeführten Bücher vertreten unterschiedliche ethische Positionen – Kantianische, utilitaristische, diskursethische – und bewegen sich auf sehr verschiedenen Abstraktionsebenen: Piepers Schrift ist eine elementare Einführung, Kutscheras Buch setzt Kenntnisse der deontischen Logik voraus (bzw. die Bereitschaft, sich in sie einzuarbeiten). Auch von der Thematik her ist die Bandbreite groß: Untersuchungen zur Begründung des moralischen Prinzips sind ebenso genannt wie Abhandlungen zu einigen Problemen der angewandten Ethik (und zwar wurden jene Probleme ausgewählt, die auch Weston erörtert). Diese Vielfalt mag auf den ersten Blick verwirrend wirken; in Wahrheit macht erst sie die Ethik zu einem so interessanten Feld.

- Karl-Otto Apel, Diskurs und Verantwortung: das Problem des Übergangs zur postkonventionellen Moral, Frankfurt 1988

- Kurt Bayertz (Hrsg.), Evolution und Ethik, Stuttgart 1993

- Dieter Birnbacher, Verantwortung für zukünftige Generationen, Stuttgart 1988

- Jürgen Habermas, Moralbewußtsein und kommunikatives Handeln, Frankfurt 1983

- Otfried Höffe, Moral als Preis der Moderne: ein Versuch über Wissenschaft, Technik und Umwelt, Frankfurt 1993

- Vittorio Hösle, Die Krise der Gegenwart und die Verantwortung der Philosophie: Transzendentalpragmatik, Letztbegründung, Ethik, München 1990

- Vittorio Hösle, Moral und Politik: Grundlagen einer politischen Ethik für das 21. Jahrhundert, München 1997

- Hans Jonas, Das Prinzip Verantwortung: Versuch einer Ethik für die technologische Zivilisation, Frankfurt 1979

- Hans J. Krämer, Integrative Ethik, Frankfurt 1992

- Franz von Kutschera, Grundlagen der Ethik, Berlin/New York 1982

- Anton Leist, Eine Frage des Lebens: Ethik der Abtreibung und künstlichen Befruchtung, Frankfurt/New York 1990

- Klaus Michael Meyer-Abich, Praktische Naturphilosophie: Erinnerung an einen vergessenen Traum, München 1997

- Julian Nida-Rümelin, Kritik der Konsequentialismus, München 1993

- Annemarie Pieper, Gut und Böse, München 1997

- Thomas Rentsch, Die Konstitution der Moralität: transzendentale Anthropologie und praktische Philosophie, Frankfurt 1990

- Friedo Ricken, Allgemeine Ethik, Stuttgart 1983

- Robert Spaemann, Moralische Grundbegriffe, München 1982

- Ursula Wolf, Das Tier in der Moral, Frankfurt 1990

Philosophieren – Lust am Denken

Robert Spaeman/Thomas Fuchs (Hrsg.)
Töten oder sterben lassen
Worum es in der Euthanasiedebatte geht
Band 4571
Das leidenschaftliche Buch des bedeutenden Gegenwartsphilosophen und Ethikers.

Hans Maier
Wie universal sind die Menschenrechte?
Band 4557
Ein kontroverses Thema, geklärt im Blick auf Geschichte und heutige Interessenkonflikte.

Johannes Hirschberger
Kleine Philosophiegeschichte
Band 4168
Der Klassiker: eine prägnante Darstellung der Philosophie von der Antike bis zur Gegenwart. Umfassend, fesselnd, höchst informativ.

Alois Halder/Max Müller
Philosophisches Wörterbuch
Erweiterte Neuausgabe
Band 4151
Die aktualisierte Neuausgabe eines konkurrenzlosen Kompendiums: klar gegliedert, kompakt und auf das Wesentliche konzentriert.

Joseph M. Bochenski
Wege zum philosophischen Denken
Einführung in die Grundbegriffe
Band 4020
„In klarer, eindringlicher Weise holt Bochenski Grundfragen aus dem Elfenbeinturm" (Landeszeitung für die Lüneburger Heide).

HERDER ⁄ SPEKTRUM

„Meisterdenker"

Wilhelm Geerlings
Augustinus
Band 4765

C.C.W. Taylor
Sokrates
Band 4743

Thomas Buchheim
Aristoteles
Band 4764

Richard Tuck
Hobbes
Band 4742

Martin Gessmann
Hegel
Band 4763

Stillman Drake
Galilei
Band 4741

Klaus Fischer
Einstein
Band 4762

Michael Tanner
Nietzsche
Band 4740

Michael Bordt
Platon
Band 4761

A.C. Grayling
Wittgenstein
Band 4739

V. Hösle/Ch. Illies
Darwin
Band 4760

Roger Scruton
Kant
Band 4738

Anthony Stevens
C.G. Jung
Band 4759

Anthony Storr
Freud
Band 4737

Tom Sorell
Descartes
Band 4756

Michael Inwood
Heidegger
Band 4736

Ernstpeter Maurer
Luther
Band 4754

Robert Wokler
Rousseau
Band 4735

Anthony Kenny
Thomas von Aquin
Band 4744

Iring Fetscher
Marx
Band 4728

HERDER / SPEKTRUM